帮助组织提升资产管理水平的秘籍
理论与案例结合，详细解读 ISO 55001:2014《资产

ISO 55001:2014

资产管理体系标准解读与实施

刘大永 编著

企业管理出版社
ENTERPRISE MANAGEMENT PUBLISHING HOUSE

图书在版编目（CIP）数据

ISO 55001:2014 资产管理体系标准解读与实施 / 刘大永编著 . —北京：企业管理出版社，2020.8

ISBN 978-7-5164-2176-5

Ⅰ.①I… Ⅱ.①刘… Ⅲ.①资产管理—管理体系—国际标准 Ⅳ.① F20-65

中国版本图书馆 CIP 数据核字（2020）第 113051 号

书　　名：	ISO 55001:2014 资产管理体系标准解读与实施
作　　者：	刘大永
责任编辑：	张　平　宋可力
书　　号：	ISBN 978-7-5164-2176-5
出版发行：	企业管理出版社
地　　址：	北京市海淀区紫竹院南路 17 号　　邮编：100048
网　　址：	http://www.emph.cn
电　　话：	编辑部（010）68701638　发行部（010）68701816
电子信箱：	qyglcbs@emph.cn
印　　刷：	北京七彩京通数码快印有限公司
经　　销：	新华书店
规　　格：	145 毫米 ×210 毫米　32 开本　6 印张　140 千字
版　　次：	2020 年 8 月第 1 版　2020 年 8 月第 1 次印刷
定　　价：	48.00 元

版权所有　翻印必究　·　印装有误　负责调换

前言

资产是组织开展各项业务活动最重要的物质基础,资产管理涉及组织运营的方方面面。

资产管理从何处入手？GB/T 33173—2016/ISO 55001:2014《资产管理 管理体系 要求》提供了资产管理的良好模式,为组织提升资产管理水平、增强自身的竞争力提供了方法。因此,GB/T 33173—2016/ISO 55001:2014《资产管理 管理体系 要求》一经发布,就受到各类组织的广泛关注。

贯彻标准的难点在于准确地理解标准。有人说资产管理国家标准 GB/T 33173—2016/ISO 55001:2014《资产管理 管理体系 要求》不太好理解,这是因为 ISO(国际标准化组织)颁布的资产管理国际标准 ISO 55001:2014《资产管理 管理体系 要求》,要普遍适用于各个国家或地区、各个行业(如电力、石油化工、冶金、水务、制造业、燃气、机场、轨道交通、政府部门、提供公共服务的部门、金融等)及各种不同基础的组织,是采用高度凝练的语言来表达的,阐述的是资产管理最基本的理念、原理及原则,提出的是方向性的要求,所以,资产管理国际标准对一般的人来说是不太好理解的。

本人根据自己长期在资产管理行业的工作经验,尤其是多年在企业从事资产管理培训与管理咨询工作的经验,编写了学习、贯彻

GB/T 33173—2016/ISO 55001:2014《资产管理 管理体系 要求》的参考书《ISO 55001:2014 资产管理体系标准解读与实施》，希望能为组织和个人准确理解这个标准提供帮助。

  本书各章节中所列举的案例均来源于我所供职的深圳永闻企业管理咨询有限公司为客户服务的资产管理咨询实例。本书所阐述的观念及实际经验，是我公司资产管理咨询团队集体智慧的结晶。

  本书详细介绍了 GB/T 33173—2016/ISO 55001:2014《资产管理 管理体系 要求》标准，对如何实施这个标准也做了一些简明、扼要的阐述。希望本书能给资产管理工作者带来帮助，不足之处，敬请指正。

刘大永

2020 年 3 月于深圳

目录

01 第一篇　2014 版 ISO 55000 系列标准简介

第一章　PAS 55、ISO 55000 与国家标准
1.1　从 PAS 55 到 ISO 55000，再到国家标准的过程　/ 3
1.2　中国资产管理系列国家标准　/ 7

第二章　资产管理体系的结构
2.1　资产管理体系的结构　/ 9
2.2　资产管理体系 PDCA 循环　/ 11

第三章　ISO 55000 国际标准落地实施的思考
3.1　ISO 55000 国际标准是一个良好资产管理的框架　/ 14
3.2　需要制订不同行业的资产管理体系实施指南　/ 14

02 第二篇　GB/T 33173—2016/ISO 55001:2014 的解读和实施

第四章　组织与环境
4.1　理解组织及其环境　/ 19
4.2　理解相关方的需求与期望　/ 21
4.3　确定资产管理体系的范围　/ 24
4.4　资产管理体系　/ 26

· 1 ·

第五章　领导力

　　5.1　领导力与承诺　/49
　　5.2　方针　/52
　　5.3　组织的角色、职责与权限　/54

第六章　策　划

　　6.1　资产管理体系中应对风险与机遇的措施　/58
　　6.2　资产管理目标和实现目标的策划　/68

第七章　支　持

　　7.1　资源　/79
　　7.2　能力　/84
　　7.3　意识　/87
　　7.4　沟通　/89
　　7.5　信息要求　/91
　　7.6　文件化信息　/94

第八章　运　行

　　8.1　运行的策划与控制　/98
　　8.2　变更管理　/109
　　8.3　外包　/111

第九章　绩效评价

　　9.1　监视、测量、分析与评价　/121
　　9.2　内部审核　/131
　　9.3　管理评审　/132

第十章　改　进

　　10.1　不符合与纠正措施　/143
　　10.2　预防措施　/149
　　10.3　持续改进　/153

03 第三篇　资产管理的基础

第十一章　资产管理的基础

第十二章　价　值
　　12.1　资产存在是为组织及其相关方提供价值　/159
　　12.2　如何使资产为组织及相关方创造价值　/161

第十三章　统一性
　　13.1　垂直统一性和水平统一性　/177
　　13.2　财务职能信息和非财务职能信息的统一性　/178
　　13.3　遵循因果关系　/179

第十四章　保　证

第十五章　组织建立资产管理体系的规划

参考文献

01

第一篇

2014版ISO 55000系列标准简介

第一章
PAS 55、ISO 55000 与国家标准

1.1 从 PAS 55 到 ISO 55000，再到国家标准的过程

2014年1月，国际标准化组织发布了 ISO 55000 资产管理系列国际标准（以下简称"ISO 55000 国际标准"），ISO 55000:2014《资产管理 综述、原则和术语》（以下简称"ISO 55000:2014"）、ISO 55001:2014《资产管理 管理体系 要求》（以下简称"ISO 55001:2014"）及 ISO 55002:2014《资产管理 管理体系 ISO 55001 应用指南》（以下简称"ISO 55002:2014"）。ISO 55000 国际标准是基于英国标准协会的 PAS 55 标准制订的国际上通用的资产管理标准。以 PAS 55 为基础制订 ISO 55000 国际标准并将 ISO 55000 国际标准等同采用成为中国资产管理系列国家标准的过程，如表 1-1 所示。

从 PAS 55 到 ISO 55000，再到国家标准的过程，用简图表示，如图 1-1 所示。

表 1-1 从 PAS 55 到 ISO 55000，再到国家标准的过程

时间	机构名称	标准演变的相关过程	说明
20 世纪 80 年代	英国 EA 公司	建立"基于状态评估的风险管理体系（Condition Based Risk Management, CBRM）"	英国的铁路与许多公共事业部门进行私有化改革。英国电网网进入设备老化高峰期，建立基于状态评估的风险管理体系，便于制订电网设备的更换计划
2004 年	英国资产管理研究院（Institute of Asset Management, IAM）与英国标准协会（British Standards Institution, BSI）	发布第一版"公共可用规范（Publicly Available Specification, PAS 55）"	英国资产管理研究院是发展和推广资产管理的专业机构，其发布的 PAS 55 满足了欧洲一些资产密集型企业和组织对资产管理标准的需求
2008 年	IAM 和 BSI	发布 PAS 55—1:2008《资产管理 第 1 部分：实物资产的优化管理规范》（以下简称"PAS 55—1:2008"）和 PAS 55—2:2008《资产管理 第 2 部分：PAS 55—1 的应用指南》（以下简称"PAS 55—2:2008"）	2008 年发布的 PAS 55 在 2004 年发布的基础上，在国际上广泛征求了意见，增加了大量的资产管理实践案例

· 4 ·

续表

时间	机构名称	标准演变的相关过程	说明
2009年	BSI	BSI向国际标准化组织（International Organization for Standardization, ISO）提交申请，成立项目委员会，把PAS 55作为基础，制订ISO资产管理国际标准	由ISO资产管理委员会（ISO/TC251）牵头，二十多个国家（包含中国）共同参与研制ISO 55000系列标准。中国标准化研究院是ISO/TC251资产管理标准化技术委员会的国内工作对口单位
2014年	ISO	发布并实施ISO 55000:2014、ISO 55001:2014、ISO 55002:2014	ISO 55000采用了与ISO质量管理体系、ISO环境管理体系等相类似的框架
2016年	中华人民共和国国家质量监督检验检疫总局及中国国家标准化管理委员会	2016年10月13日发布GB/T 33172—2016/ISO 55000:2014《资产管理 综述、原则和术语》（以下简称"GB/T 33172—2016/ISO 55000:2014"）、GB/T 33173—2016/ISO 55001:2014《资产管理 管理体系 要求》（以下简称"GB/T 33173—2016/ISO 55001:2014"）、GB/T 33174:2014《资产管理 管理体系 GB/T 33173应用指南》（以下简称"GB/T 33174—2016/ISO 55002:2014"）。上述三项标准于2017年5月1日起实施	GB/T 33172—2016等同采用ISO55000:2014；GB/T 33173—2016等同采用ISO 55001:2014；GB/T 33174—2016等同采用ISO 55002:2014

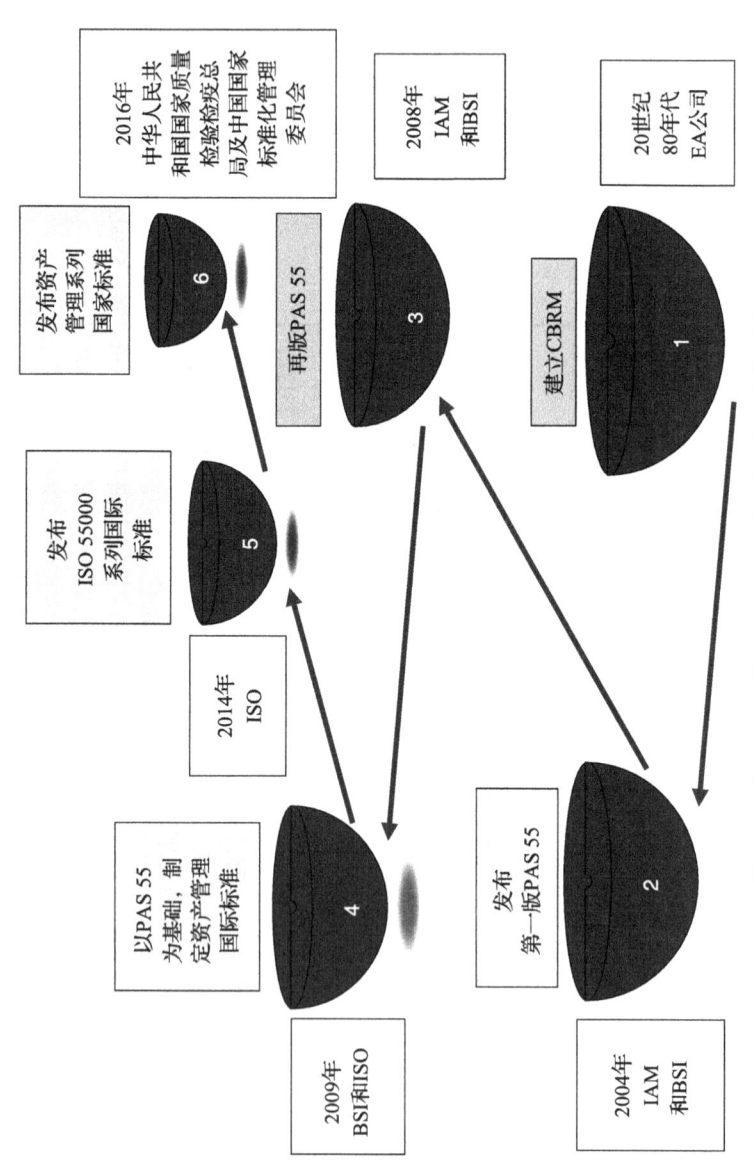

图 1-1 从 PAS 55 到 ISO 55000，再到国家标准的过程

1.2 中国资产管理系列国家标准

GB/T 33172—2016/ISO 55000:2014、GB/T 33173—2016/ISO 55001:2014 和 GB/T 33174—2016/ISO 55002:2014 分别如图 1-2、图 1-3、图 1-4 所示。

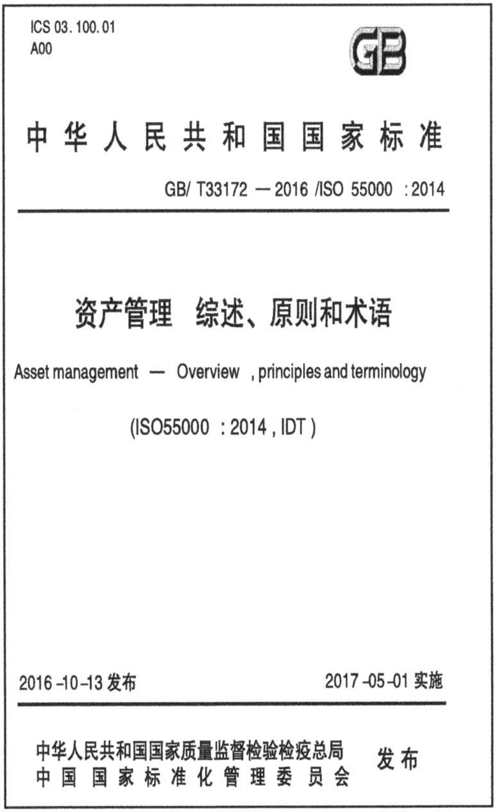

ICS 03.100.01
A00

GB

中 华 人 民 共 和 国 国 家 标 准

GB/ T33172 —2016 /ISO 55000 :2014

资产管理 综述、原则和术语

Asset management — Overview , principles and terminology

(ISO55000 :2014 , IDT)

2016-10-13 发布 2017-05-01 实施

中华人民共和国国家质量监督检验检疫总局
中 国 国 家 标 准 化 管 理 委 员 会 发布

图 1-2 GB/T 33172—2016/ISO 55000:2014

ICS 03. 100. 01
A00

GB

中 华 人 民 共 和 国 国 家 标 准

GB/T33173 —2016 /ISO 55001 :2014

资产管理 管理体系 要求

Asset management — Management systems — Requirements

(ISO55001 : 2014 , IDT)

2016-10-13 发布　　2017-05-01 实施

中华人民共和国国家质量监督检验检疫总局
中 国 国 家 标 准 化 管 理 委 员 会　发布

图 1-3　GB/T 33173—2016/ISO 55001:2014

ICS 03. 100. 01
A00

GB

中 华 人 民 共 和 国 国 家 标 准

GB/T33174 —2016 /ISO 55002: 2014

资产管理 管理体系
GB/T 33173 应用指南

Asset management — Management systems —
Guidelines for the application of GB/T 33173

(ISO 55002 : 2014 , Asset management - Management systems —
Guidelines for the application of ISO 55001,IDT)

2016-10-13 发布　　2017-05-01 实施

中华人民共和国国家质量监督检验检疫总局
中 国 国 家 标 准 化 管 理 委 员 会　发布

图 1-4　GB/T 33174—2016/ISO 55002:2014

第二章
资产管理体系的结构

2.1 资产管理体系的结构

资产管理体系（GB/T 33173—2016 / ISO 55001:2014）与质量管理体系（GB/T 19001—2016 / ISO 9001:2015）等其他管理体系一样，在结构上符合 ISO 对管理体系标准的统一要求（管理体系标准的通用标准模板，可参见 ISO/IEC 2013 版导则的相关内容），包括 10 个方面的主要内容。

（1）范围。

（2）规范性引用文件。

（3）术语和定义。

（4）组织环境。

（5）领导力。

（6）策划。

（7）支持。

（8）运行。

（9）绩效评价。

（10）改进。

GB/T 33173—2016/ISO 55001:2014 的主要内容如下。

前言

引言

1 范围

2 规范性引用文件

3 术语和定义

4 组织环境

4.1 理解组织及其环境

4.2 理解相关方的需求与期望

4.3 确定资产管理体系的范围

4.4 资产管理体系

5 领导力

5.1 领导力与承诺

5.2 方针

5.3 组织的角色、职责与权限

6 策划

6.1 资产管理体系应对风险与机遇的措施

6.2 资产管理目标和实现目标的策划

7 支持

7.1 资源

7.2 能力

7.3 意识

7.4 沟通

7.5 信息要求

7.6 文件化信息

> 8 运行
> 8.1 运行的策划与控制
> 8.2 变更管理
> 8.3 外包
> 9 绩效评估
> 9.1 监视、测量、分析与评估
> 9.2 内部审核
> 9.3 管理评审
> 10 改进
> 10.1 不符合和纠正措施
> 10.2 预防措施
> 10.3 持续改进
> 附录 A （资料性附录）资产管理活动方面的信息
> 参考文献

GB/T 33173—2016/ISO 55001:2014 提出了资产管理体系要求的 7 项要素，即组织环境、领导力、策划、支持、运行、绩效评价及改进，并对 7 项要素的含义逐一给出诠释。详细内容请参见 GB/T 33173—2016/ISO 55001:2014。

2.2 资产管理体系 PDCA 循环

资产管理体系与质量管理体系、环境管理体系各自独立却又相互关联，它们都在逻辑上遵循 PDCA 循环（Plan，计划；Do，执行；Check，检查；Action，处理）。图 2-1 是资产管理体系建立和实践过程的 PDCA 模型。

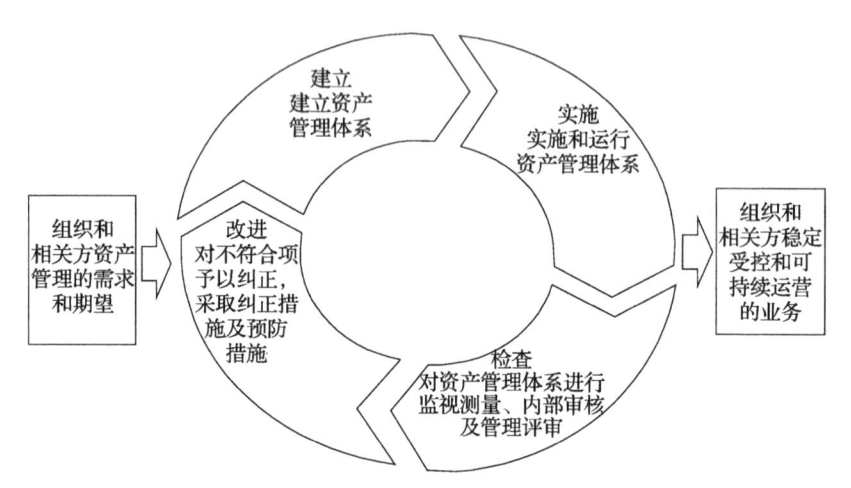

图 2-1 资产管理体系建立和实践过程的 PDCA 模型

图 2-2 是资产管理体系持续改进的模型。

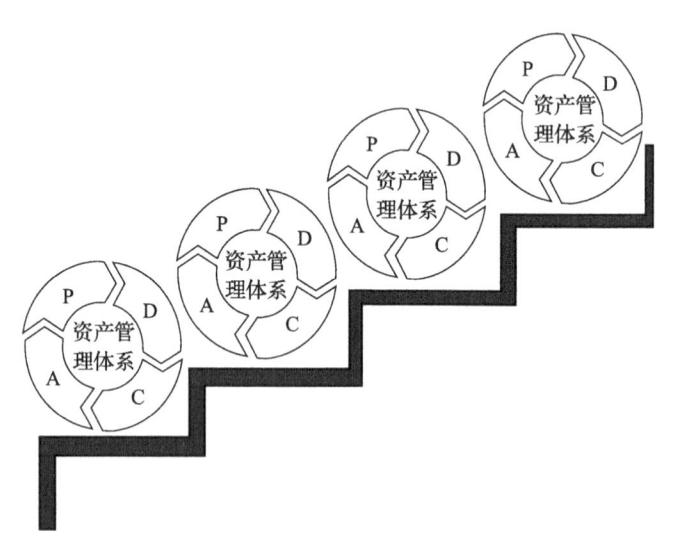

图 2-2 资产管理体系持续改进的模型

表 2-1 表明了资产管理体系中的 7 项要素与 PDCA 循环的对应关系。

表 2-1　资产管理体系要素与 PDCA 循环对应表

PDCA 循环	对应资产管理体系的要素	对应资产管理体系的要素
建立	组织及环境、策划	领导作用
实施	支持、运行	
检查	绩效评价	
改进	改进	

第三章
ISO 55000 国际标准落地实施的思考

3.1　ISO 55000 国际标准是一个良好资产管理的框架

ISO 55000 国际标准是一个良好资产管理的框架，是资产管理体系的国际通用标准，它只规定了组织需要做什么，对组织的资产管理提出了要求，但并未规定组织具体如何去做，这使组织有较大的灵活性，即组织能够根据自身的实际情况，如自身的行业特点、组织规模的大小、资产的特点、长期的经营方针目标、年度的经营目标指标、优先事项及运营发展的限制性因素等，制订自己的资产管理线路图及资产配置方案，制订资产管理流程，以应对组织面临的挑战。

3.2　需要制订不同行业的资产管理体系实施指南

我国各类组织资产全寿命周期管理体系的标准化实践起步相对较晚，有关资产管理的理论、方法与工具的研究尚不够深入，可供借鉴的实践和经验较少。国外资产管理标准化体系的发展已相对成熟，具有较为成熟的实践经验。资产管理标准化体系在欧洲国家的市政单位，如供水、供电、供气运输等行业已经得到了广泛的应用。

  由于国内资产管理标准化实践的起步相对较晚,建立和研制符合我国各类组织的资产管理标准化体系,制订符合不同行业(如能源、交通、制造、公共服务等)需求的资产管理体系实施指南是目前迫切要做的工作。相关行业资产管理体系实施指南的建立与研制工作,在今后一段时期内,将是我国资产管理标准化工作的重点。在资产管理标准化实践方面,我国的国家电网公司及石化行业走在了前列。

02

第二篇

GB/T 33173—2016/ISO 55001:2014 的解读和实施

第四章

组织与环境

4.1 理解组织及其环境

> GB/T 33173—2016/ISO 55001:2014 的要求如下。
>
> 组织应确定与其目的有关,以及对实现资产管理体系预期结果的能力有影响的内外部事项。
>
> 战略资产管理计划(SAMP)中所包含的资产管理目标应与组织目标协调、一致。

4.1.1 组织及环境

组织环境可分为内部环境、外部环境,外部环境包括微观环境及宏观环境,如图 4-1 所示。

图 4-1 组织环境的分类

内部环境、外部环境所包括的内容，如表 4-1 所示。

表 4-1　内部环境及外部环境所包括的内容

组织环境分类		内容
内部环境		组织的价值观、文化、方针、目标、核心竞争能力、产品、服务、组织结构、职责权限、财务能力、资源、内部关系及风险偏好等
外部环境	微观环境	组织的供应商、承包商、零售商、利益相关方、合作伙伴、客户及竞争对手等
	宏观环境	国际、国家及地区的各种法律法规、政治、政策、经济、技术及社团因素等

组织面临宏观环境变化的案例。

2016 年，国家成立中共中央环境保护督查委员会（中央环保督察组），各级政府加大了环保执法的力度，许多企业受到影响。陶瓷行业相对来说是高污染的行业，企业生产时会产生严重粉尘污染、废气污染及废水污染等，因此一些陶瓷企业被要求增加资产或改造原有资产以便采用清洁能源，并且要求上马环保设施进行彻底的污染治理，所以说，陶瓷企业面临的宏观环境，在最近几年发生了很大的变化。

4.1.2　识别、监视和评审流程

组织在建立资产管理体系时应该注意以下几点。

（1）系统性地识别、评估出与组织宗旨及战略相关的，并对实现资产管理体系预期结果有影响的内外部因素，即应系统、深入地分析组织所面临的内外环境。可以运用相应的工具和技术来分析，如 SWOT 分析法（态势分析，要对组织内部的优势、劣势、制约因素、外部机遇和威胁进行详尽分析），同时还要了解行业和竞争对手的大量信息。

（2）建立和执行一套如图4-2所示的流程，通过组织各相关部门定期收集信息，定期识别、监视和评审组织所面临的内部及外部环境的变化。

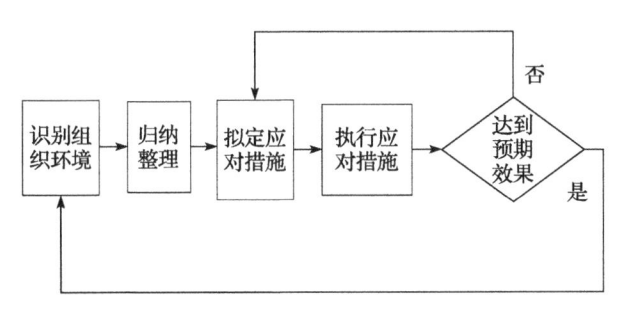

图 4-2　组织环境定期识别、监视和评审的流程

4.2　理解相关方的需求与期望

> GB/T 33173—2016/ISO 55001:2014 的要求。
> 组织应确定以下内容：
> ——与资产管理体系有关的相关方；
> ——这些相关方在资产管理方面的要求与期望；
> ——资产管理方面的决策准则；
> ——相关方对于记录与资产管理有关的财务与非财务信息的要求，以及针对资产管理进行内外部报告的要求。

4.2.1　相关方的定义

GB/T 33172—2016/ISO 55000:2014 给相关方的定义是"可以影响、被影响或自认为会被某一决策或行动影响的个人或组织"。

一般组织的相关方包括内部相关方和外部相关方。

（1）内部相关方。

如员工、各职能部门、股东、各管理人员及资产所有者等。

（2）外部相关方。

如客户、供应商、服务提供商、承包商、贷方、行业监管者、社会、行业协会、工会、邻居和特殊利益团体等。

4.2.2 满足相关方的需求与期望

组织及其相关方的需求与期望如表 4-2 所示。

表 4-2 组织及其相关方的需求与期望举例

组织及其相关方	需求或期望举例
客户	享受优质的产品或服务，成本要低廉，有好的印象与体验
投资者	自己的投资有丰厚的回报，组织的抗风险能力强
贷方	按时偿还债务，有期望的利息
雇员	合理的薪水，安全、舒适的工作环境，有职业自豪感和发展空间
监管机构（政府）	职业病和安全事故减少或为零，依法纳税，依法经营
供应商	稳定的销售额，持续、稳定的利润
承包商	有合理的利润，对承包商的技术保密
社区	尽可能多地雇佣当地的居民，对环境不造成损害
工会	遵循与雇工相关的法律法规，如遵循劳动法
公众	好的公众形象
其他社会团体	慈善募捐

组织及其相关方的需求与期望是多种多样的,有些甚至是相互矛盾的,组织要尽最大可能去满足他们。

组织要将这些需求或期望转换为一系列的组织目标,而且要确保这些需求或期望都能被考虑到组织的目标里。

> GB/T 33173—2016/ISO 55001:2014 阐述。
>
> 6.2.1 资产管理目标
>
> ……
>
> 资产管理目标应:
>
> ——与组织目标相协调、一致;
>
> ……

资产管理目标实现的过程就是组织目标实现的过程。资产管理目标对组织目标起到支撑的作用。但是,组织要将这些需求或期望,在一定的时间段里,进行重要程度和优先等级的排序。对于重要性和优先等级排在前面的需求或期望优先予以满足。

4.2.3 识别、监视和评审流程

组织在建立资产管理体系时应该注意以下几点。

(1)明确与资产管理体系有关的相关方有哪些,因为资产管理体系的建立是为这些相关方服务的,并且了解这些相关方的需求与期望。

(2)建立和执行一套如图 4-3 所示的流程,通过组织各相关部门定期地收集信息,定期识别、监视和评审组织相关方的需求与期望的变化。

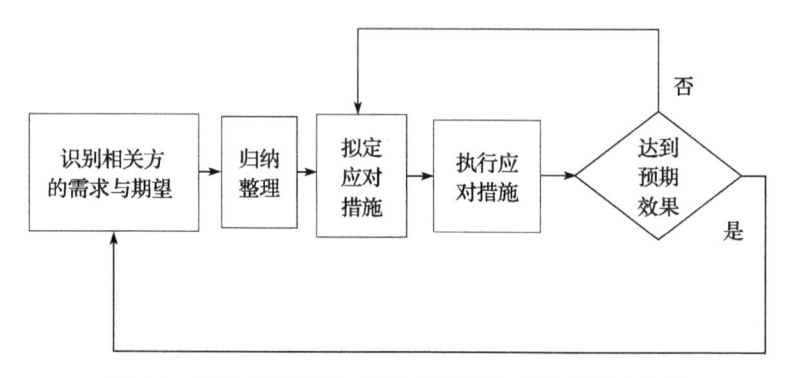

图 4-3 相关方的需求与期望定期识别、监视和评审流程

4.3　确定资产管理体系的范围

> GB/T 33173—2016/ISO 55001:2014 的要求如下。
> 组织应通过确定资产管理体系的边界和适用性来建立其范围。范围应与 SAMP 和资产管理方针相协调。确定范围时组织应考虑以下内容。
> ——在 4.1 中涉及的内外部事项；
> ——在 4.2 中涉及的要求；
> ——若组织使用了其他管理体系，考虑其与这些管理体系的相互作用。
> 组织应规定资产管理体系范围内涵盖的资产组合。
> 该范围应能以文件化信息的形式获取。

在组织对自身所处的环境、相关方的需求与期望进行评估的基础上，组织应确定自己资产管理体系的范围。确定资产管理体系的范围是组织实施 GB/T 33173—2016/ISO 55001:2014 的首要工作之一。资产管理体系的范围是 SAMP 的主要内容之一，组织应传达到自己的内外相关方。

X 集团产业众多，涉及制造业（工厂）、房地产业及旅游业。这些业务相互之间有较大的差异性，资产分布在不同的地域。在导入资产管理体系时，考虑到一开始使资产管理体系覆盖整个集团非常困难，该集团决定首先在设备资产密集的工厂里先行导入资产管理体系。

（1）资产管理的范围。

在 X 集团的工厂，按照资产的用途，确定了资产管理的范围。

1）将下列资产纳入资产管理的范围。

生产类设备、检验设备、能源供应（供水、供电、压缩空气供应及真空获得）设备、特种设备、监控设备、门禁系统、风淋设备及消防系统。

2）下列资产不包括在资产管理的范围内。

厂房建筑、道路及附属物（树木、交通安全标识设施等）、办公设备（电脑、电子显示屏、照相机）、冰箱（柜）、各类空调、低值易耗品（桌椅板凳、吸尘器及洗地机等）、各类照相设备、开水器。

（2）资产管理体系的范围。

X 集团基于对环境及相关方的评审结果，确定了资产管理体系的范围。

1）内部主要职能的职责。

资产管理部牵头负责生产系统设备寿命周期的管理工作，具体内容如表 4-3 所示。

表 4-3 设备寿命周期管理工作的职责分配

管理过程	责任部门	主要工作职责
设备前期管理	资产管理部、设备使用部门、工艺技术部、供应部、品质保证部、财务部	① 依据公司业务需求，提出资产配置、调拨、改造、自制及购置的年度规划； ② 设备需求提出、选型、请购、拟定技术协议、签订合同、合同执行、监造、开箱验收、安装调试、培训、试运行、验收移交、付款、资产转固等的管理
……	……	……

2）外部支持接口职能的职责。

外部支持接口职能的职责如表 4-4 所示。

表 4-4 外部支持接口职能的职责分配

责任部门	主要工作职责
集团资产管理部	①资产的配置、调拨及统筹规划； ②负责新建项目的资产采购、安装、调试、验收及移交； ③资产管理的监督、检查及提供服务； ④战略备件的储存规划与调拨
……	……

4.4 资产管理体系

GB/T 33173—2016/ISO 55001:2014 的要求如下：

组织应按照本标准的要求建立、实施、保持和持续改进资产管理体系，包括所需的过程及其相互作用。

> 组织应开发 SAMP，它包含资产管理体系在支持资产管理目标实现方面的作用的文件。

4.4.1 资产管理体系

GB/T 33172—2016/ISO 55000:2014 给资产管理体系的定义是"资产管理方面用于建立资产管理方针和资产管理目标的管理体系"。

ISO 55000 系列国际标准既可帮助全球性跨国企业、政府公共部门及国有企业等大中型组织进行资产管理，又能让各类小微型企业提高效益和收益。

小微型企业相对大中型企业来说，具有如下特点。

（1）人员规模、资产规模及经营规模较小。

（2）多属于私营性质，或者属于大中型企业的辅助成分。

（3）业务简单且范围较窄，管理手段简单，管理权限较为集中。

（4）硬性考核指标少，以利润为基本考核指标。

（5）竞争性强，人员素质参差不齐，部分人员素质较差。

（6）管理层级少，沟通效率高，反应快，调头快。

（7）职责与责任更清晰、明确。

建立资产管理体系，依据组织的规模大小、活动类型、业务复杂程度及人员能力等差异而不同。就资产管理体系文件来说，依据组织的实际情况，依据需要来安排各层文件。比如特大型企业，资产管理体系文件可以是四个层级：管理体系手册、程序文件、作业文件、表单及记录，如图 4-4 所示。

图 4-4　四个层级的资产管理体系文件

对于中型企业来说，资产管理体系文件可以是三个层级，如图 4-5 所示。

图 4-5　三个层级的资产管理体系文件

对于小微型企业来说，资产管理体系文件可以是两个层级，即可以采用简明的资产管理体系文件结构，如图 4-6 所示。

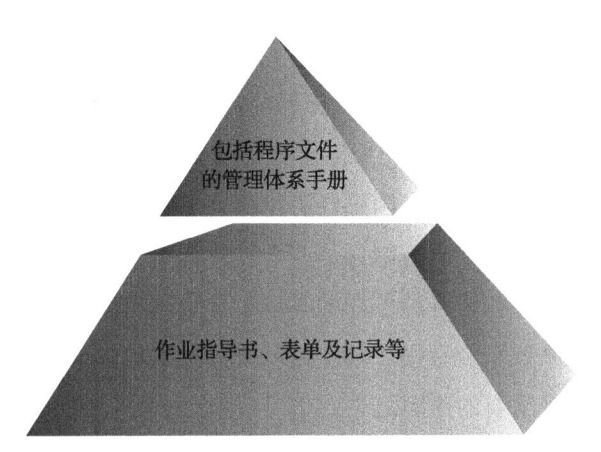

图 4-6　两个层级的资产管理体系文件

4.4.2　战略资产管理计划（SAMP）

（1）SAMP 的定义。

一般人对 SAMP 比较陌生，即使是从事资产管理行业的人对之也有着不同的认识与理解。在这里，我们从 SAMP 的定义及 SAMP 的由来等几个方面来进行探讨。

> GB/T 33172—2016/ISO 55000:2014 的定义如下。
>
> 战略资产管理计划 Strategic Asset Management Plan（SAMP），即用于规定如何将组织目标转化为资产管理目标、制定资产管理计划的方法以及资产管理体系在支持资产管理目标方面的作用的文件化信息。
>
> 注 1：战略资产管理计划源自组织计划。
>
> 注 2：战略资产管理计划可能包含于组织计划之中或是其子计划之一。

（2）SAMP 的由来。

1）英国国有企业、公共服务部门及基础事业部门的私有化。

20 世纪 80 年代，英国掀起了国有企业私有化的高潮。在那个年代，英国的国有企业在国民经济中占有非常重要的地位。为了管理好国有企业，英国政府制订了一套针对国有企业的管理体制，但是，这些体制存在着各种各样的弊端，导致国有企业垄断经营、政企不分、效率低下及亏损严重，这就是为什么英国要将国有企业私有化，这是最重要的原因之一。

私有化首先从英国石油公司开始，逐步扩展到公共服务部门（如环境卫生、住宅修理、建造服务、部分学校和医院等）、基础事业部门（如英国铁路、英国电信、能源、航空、港口等）及其他部门。

私有化的主要方式是将国有企业出售给私人企业，将国有医院及教育等公共服务部门承包给私有企业。

2）私有化以后形成的国有资产管理格局。

以英国铁路私有化来说明私有化以后形成的国有资产管理格局。

私有化当中英国铁路网络公司（Network Rail）购买了英国铁路的基础设施，承担资产管理者的角色。私有化运营后产生了新的铁路资产管理格局。英国铁路干线资产三方（监管机构、资产管理者及独立报告人）管理的格局如图 4-7 所示。

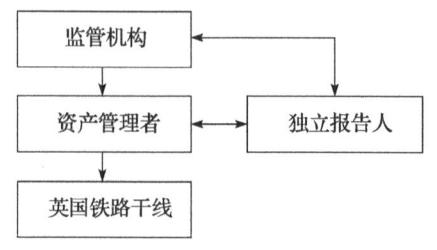

图 4-7 英国铁路干线资产三方的管理格局

① 监管机构。

铁路监管办公室（ORR）是属于政府的监管机构。ORR 有具体的监管职责。总体来说，监管机构的监管分为两大部分。

一是对资产管理者的资产管理能力进行监管，为资产管理者设置资产管理能力目标并鼓励其达成。资产管理能力一般用资产管理成熟度来描述。资产管理成熟度有 6 个层级：

ⅰ，表示"空白"或"一无所知"(Innocent)；

ⅱ，表示"意识"或"稍有意识"(Aware)；

ⅲ，表示"努力发展"(Developing)；

ⅳ，表示"尚可"或"初具能力"(Competent)；

ⅴ，表示"发展强劲"或"优化"(Optimizing)；

ⅵ，表示"优秀"(Excellent)。

通过对资产管理者进行资产管理成熟度评价，让所有相关方了解资产管理者的资产管理能力。资产管理成熟度评价由独立于资产管理者与监管机构的第三方进行。

二是对资产管理者的产出及目标达成进行监管，如让客户与相关方参加审查 SAMP，确定首选方案的产出及目标，每年评估产出及目标是否达成期望的成果等。

在监管机构每年对资产管理者的资产管理进行评审的时候，第三方出具的资产管理评估报告及 SAMP 的可信度是必须要评审的内容。

实际上，ORR 有一系列的具体监管职责。监管机构对铁路产业进行各项监管，形成了较为完善的铁路监管体系。

② 资产管理者。

英国铁路网络公司拥有铁路基础设施，包括铁路网和各车站。它的主要职责是向客户公司提供路网服务、制订列车运行时刻表、管理铁路交通、维护投资基础设施及保证铁路运输安全等。

③ 独立报告人。

在铁路私有化一段时间以后，监管机构对铁路网络公司的监管越来越重视长期资产管理的问题，于是引入了负责资产管理的独立报告人这一角色。独立报告人由 ORR 和英国铁路网络公司任命，与 ORR 和英国铁路网络公司都签订协议。独立报告人审查铁路网络公司的资产管理能力及对铁路干线资产管理的情况，向 ORR 及铁路网络公司提供资产管理与技术方面的支持。独立报告人是独立于 ORR 和铁路网络公司的第三方组织，对 ORR 和铁路网络公司都负责任。站在第三方的角度，独立报告人会出具资产管理评估报告。独立报告人的引入，对铁路干线行业的资产管理有显著的改善。

④ 英国铁路干线。

英国铁路干线包括铁路基础设施、铁路网和各车站等。

3）新的资产管理格局加速了资产管理水平的进步。

资产管理由原来的国有企业管理的模式转变为私人企业、政府监管及独立报告人三方管理的模式，这种新的资产管理格局引起了人们对资产管理相关理论的研究及资产管理的方法与工具的探讨，出现了英国资产管理协会（IAM）这样的专业机构，形成了诸如资产管理成熟度评估、全寿命周期成本和风险分析及 BSI PAS 55 资产管理标准等的资产管理成果。

4）私有化运营后出现了问题，监管机构要求资产管理者制订 SAMP。

私有化之后取得一系列的成果,也出现了大量的问题。其中之一的问题就是,当时的监管机构会给各私有化的公司提出一系列苛刻的产出与效率的目标,但较少关注长期的资产管理。另外一个问题是私人企业不愿意为基础设施做长期投资。在铁路投资方面,私人投资代替了政府投资成了铁路投资的主体,但是,私人企业上市公司要优先偏重股东的权益,注重短期利益和眼前盈利,缺乏长远目标,对铁路的基础设施不愿做长期投资,长期投资不足的问题制约了铁路的发展。

在这种情况下,为了达到以下目的,监管机构要求资产管理者制订一个至少有 50 年期限并能展示全部成本的 SAMP,这是监管机构监管资产管理者的主要要求之一。

① 确定资产管理者提供服务所需的可持续性投资的情况。

② 以最低的资产生命周期成本确保提供长期服务。

③ 确保短期内提高效率或产出不以牺牲长期资产管理为代价。

④ 全面了解资产寿命周期内的工作量、成本、风险及期望产出。

所以,从上述的情况来看,我们可以说是私有化运营后出现的问题,要求资产管理者制订 SAMP。

(3)从资产融资方案的角度来理解 SAMP。

SAMP 通常包括资产融资的多种方案,其中可能包括以下 5 种。

1)确保资产寿命周期成本在 50 年内最低的方案。

2)在下一个检讨周期内(比如下一个 5 年计划期内)成本最低的方案。

3)能满足最高的安全要求而成本又最低的方案。

4)考虑环境及气候变化所造成影响的方案。

5）采用新技术、新工艺及新方法的方案。

在 SAMP 中，组织应以年度资金需求的形式展示出成本和风险状况，以便比较在不同的情况（如 50 年内全寿命周期成本最低）下资产全寿命周期的资金需求。

图 4-8 展示了 X 公司资产管理 50 年的年度运行成本需求。从图中可以看出资产管理年度运行成本与监管机构年度运行预算的匹配情况。

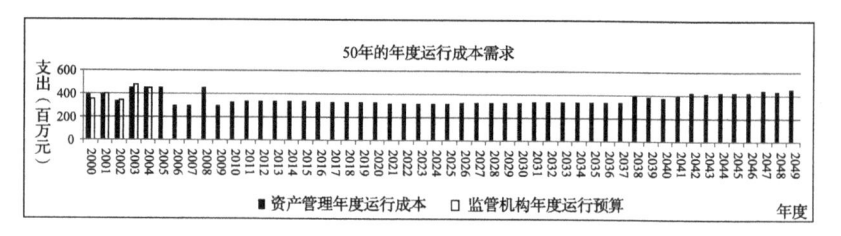

图 4-8　X 公司 50 年的年度运行成本需求

图 4-9 展示了 X 公司资产管理 50 年的年度维护成本需求。从图中可以看出资产管理年度维护成本与监管机构年度维护预算的匹配情况。

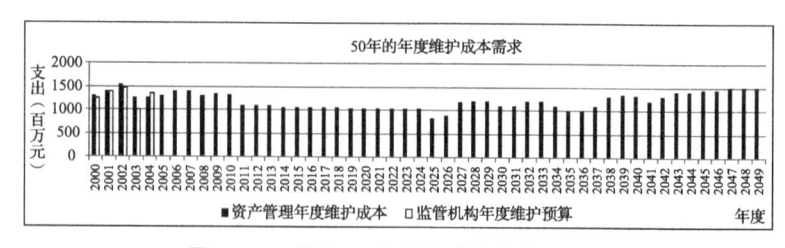

图 4-9　X 公司 50 年的年度维护成本需求

图 4-10 展示了 X 公司资产管理 50 年的年度更新成本需求。从图中可以看出资产管理年度更新成本与监管机构年度更新预算的匹配情况。

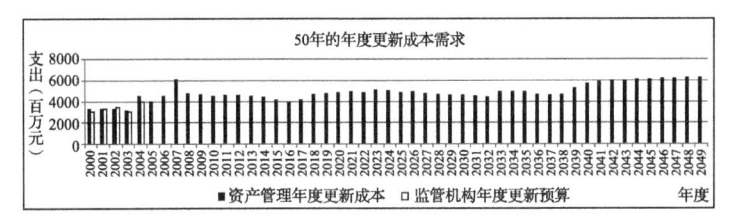

图 4-10　X 公司 50 年的年度更新成本需求

图 4-11 展示了 X 公司资产管理 50 年的年度改造成本需求。从图中可以看出资产管理年度改造成本与监管机构年度改造预算的匹配情况。

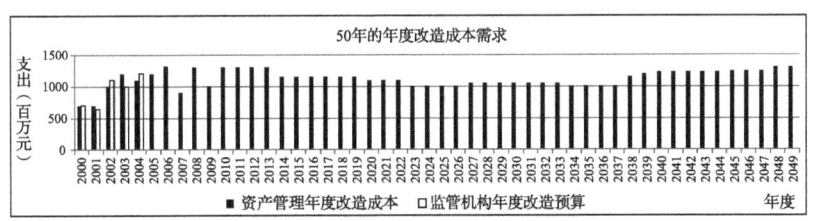

图 4-11　X 公司 50 年的年度改造成本需求

图 4-12 展示了 X 公司资产管理 50 年的年度风险成本需求。从图中可以看出资产管理年度风险成本与监管机构年度风险预算的匹配情况。

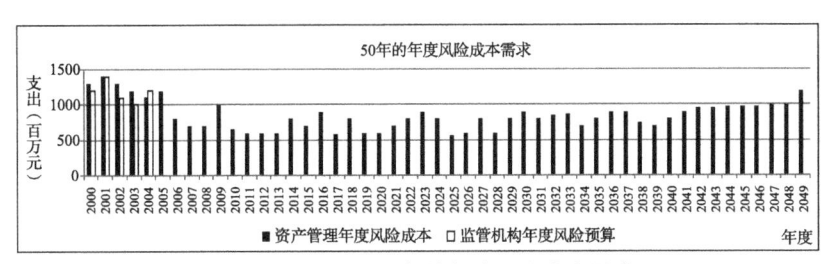

图 4-12　X 公司 50 年的年度风险成本需求

图 4-13 展示了 X 公司 50 年的年度资产管理资金需求。每年的年度资产管理资金，包括该年度的运行成本、维护成本、更新成

本、改造成本及风险成本。从图 4-13 中可以看出资产管理年度资金需求与监管机构资产管理年度资金预算的匹配情况。

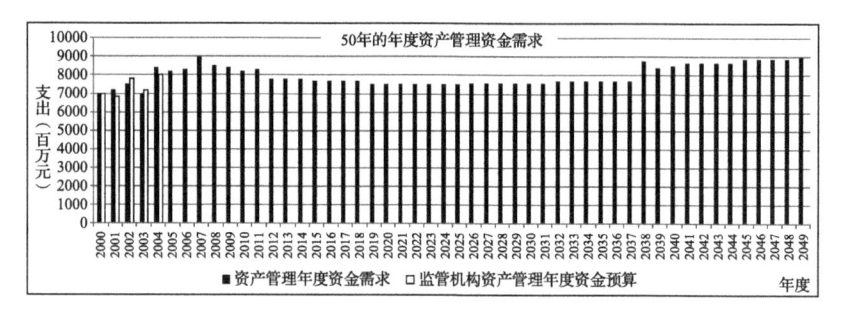

图 4-13 X 公司 50 年的年度资产管理资金需求

通过图 4-8、图 4-9、图 4-10、图 4-11、图 4-12 和图 4-13，资产管理者与监管机构、客户和相关方很清楚地知道 X 公司每年的资产管理成本及监管机构的资产管理预算是多少。

在制订了 SAMP 并确定了不同情况下的融资方案之后，资产管理者就可以与监管机构、客户和相关方沟通，了解他们是否愿意为既定的融资方案提供资金。

一些资产管理者会总结、提炼出 SAMP 的要点，以监管机构及客户等能理解的各种方式（如听证会、研讨会及互动网站等）宣传 SAMP，以此来了解他们的优先考虑事项及对各种可能方案的支付意愿。这有助于资产管理者、监管机构、客户和相关方从各种融资方案中确定首选方案。

所以，SAMP 作为组织资产管理的重要文件，便于组织与监管机构、客户和相关方探讨优先事项及商定资产管理长期的资金需求。

（4）从资产管理体系各要素之间的关系来理解 SAMP。

1）资产管理体系各要素之间的关系。

GB/T 33172—2016/ISO 55000:2014 中的"附录 B（资料性附录）资产管理体系各要素之间的关系"如图 4-14 所示。

2) 制订 SAMP 之前，要做需求分析。

在 GB/T 33172—2016/ISO 55000:2014 有关 SAMP 的定义里有两个注释：① 战略资产管理计划源自组织计划。② 战略资产管理计划可能包含于组织计划之中或是其子计划之一。

基于图 4-14 资产管理体系各要素之间的关系及上面的两个注释，我们可以这样理解，制订 SAMP 的目的是确保组织的资产能力满足组织计划及组织目标的实现，或者说要使组织的资产能力与组织计划及组织目标的实施需求相匹配，所以，制订 SAMP 之前要分析组织对资产能力的需求，即依据需求分析来制订 SAMP。

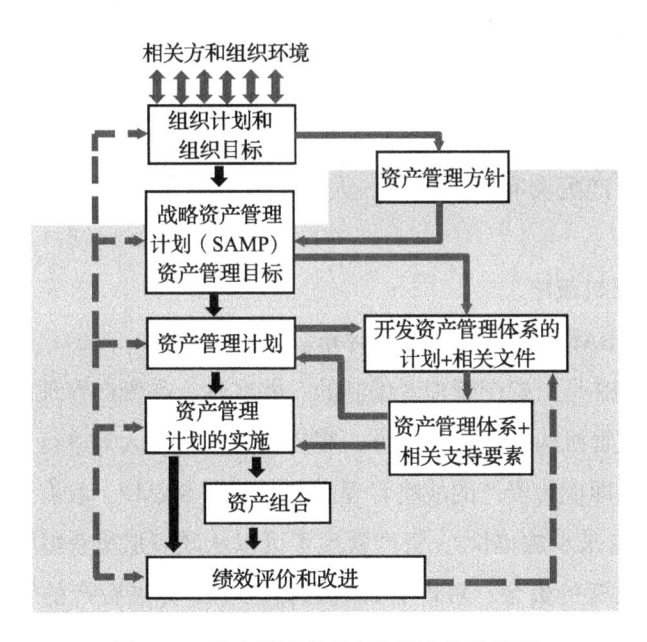

图 4-14　资产管理体系各要素之间的关系

注：灰色的加亮方框即为资产管理体系的边界。

3）明确资产管理的目标。

在制订 SAMP 的同时，组织还要明确资产管理的目标。

4）应针对不同类别的资产，明确管理活动的策略。

SAMP 及资产管理的目标确定后，组织应针对不同类别的资产，明确管理活动的策略，主要包括以下几个方面。

① 资产投资策略。

如果需增加设备能力，是采购新的设备还是租赁设备？还是采用将业务外包出去（变相增加设备能力）的方式？

② 资产运行策略。

资产是连续满负荷运行（如四班三运转）还是间歇式运行（如单班运行）？明确资产运行策略有助于确定资产维护成本。

③ 资产维护策略。

④ 资产退出策略。

⑤ 资源策略。

与资产配套有关的场地、人员、专用工装夹具等资源的配置策略。

⑥ 停机策略。

（5）SAMP 的作用与定期评审。

SAMP 是由资产管理者编制的一些文件，是资产管理的长期规划，供监管机构、利益相关方、客户及独立报告人等进行评审，获得认可后即成为资产的战略管理规划。依据 SAMP，政府进行定价（如制订自来水的单价），资产管理者可以从政府那里获得资产管理与资产投资的资金，资产管理者依据 SAMP 开展资产的管理与投资工作并接受监管。

SAMP 的作用如图 4-15 所示。

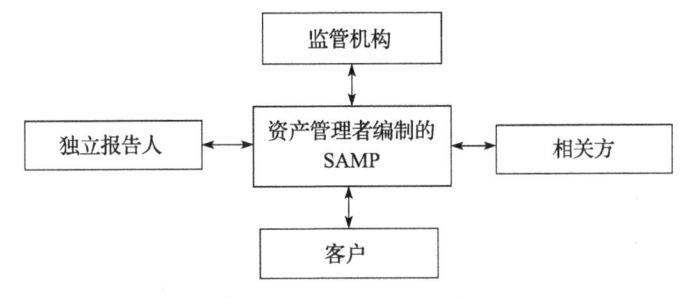

图 4-15 SAMP 的作用

对 SAMP 要进行定期评审与修改。不同的组织对 SAMP 修改的周期不同，城市公共设施资产的 SAMP 修改周期会长一些，可能是 5 年进行一次大的评审修改，一般企业的 SAMP 连同资产管理的其他文件一般一年进行一次评审修改。

（6）制订 SAMP 要考虑的因素。

制订 SAMP 要考虑如下几个方面的因素。

1）与组织战略目标和资产管理方针的一致性。

从组织的经营战略目标中分解出资产管理战略目标与资产管理方针。

2）风险对资产管理的影响及解决方案的优先排序。

3）资产寿命周期及其各个阶段（购买、运行、维护及报废）的依赖性。

4）为资产管理目标及资产管理计划的制订提供框架。

5）相关方的需求与期望。

6）当需求与服务水平变化时，明确资产管理目前和将来对变化的应对方案。

7）考虑需求的变化该如何满足。

① 通过获取新资产或者增加现有资产的能力来满足；

② 非资产解决方案，如重新定价或改变消费者行为；

③ 采用新技术提高现有资产利用率。

8）组织资源的限制，如资金、场地及人员技能等的限制。

9）供应链的能力。

10）相关方的反馈、管理评审的输出。

11）其他方面。

4.4.3 SAMP 的案例

（1）国内某制造型企业的 SAMP 框架。

国内某制造型企业在建立资产管理体系时形成的 SAMP 包括以下几个方面的内容。

1）公司简介。

2）资产管理现状简介。

介绍目前公司资产管理的现状、不足及这些不足导致的结果，并指明改善方向。

3）缩写及含义。

对 SAMP 中使用的英文缩写，解释其中文、英文的含义，如表 4-5 所示。

表 4-5 英文缩写及其含义

缩写	英文含义	中文含义
AM	Asset Management	资产管理
……	……	……

4）定义。

对 SAMP 中使用的专用名词的定义做介绍，如表 4-6 所示。

表 4-6 SAMP 中使用的专用名词及其定义

名词	定义
5S	整理、整顿、清扫、清洁、素养
寿命周期	从资产最初规划到报废的时间
……	……

5）上下文引用。

① 列举资产管理引用或推行的管理体系名称。

资产管理引用或推行的管理体系名称如表 4-7 所示。

表 4-7 资产管理引用或推行的管理体系名称

引用或推行的管理体系名称
GB/T 33172—2016/ISO 55000:2014 资产管理 综述、原则和术语
GB/T 33173—2016/ISO 55001:2014 资产管理 管理体系 要求
GB/T 33174—2016/ISO 55002:2014 资产管理 管理体系 GB/T 33173 应用指南
……

② 列举资产管理遵循的法律法规的名称。

③ 利益相关方的需求和期望。

6）公司的资产管理方针及释义。

7）资产管理体系的范围。

① 资产管理的范围。

包括在资产管理范围内的资产明细如表 4-8 所示。

表 4-8 资产管理范围内的资产明细

资产类型	注释
生产设备	包括车床类、磨床类……

续表

资产类型	注释
能源供应设备	包括高低压供电设备、供水设备、压缩空气生产设备、真空获得设备……
……	……

不包括在资产管理范围内的资产明细如表 4-9 所示。

表 4-9　不包括在资产管理范围内的资产明细

资产类型	注释
厂房建筑	厂房、道路及其附属物……
办公设备	电脑、办公桌椅、电视机、照相机……
……	……

② 资产管理体系的范围。

内部主要职能职责如表 4-10 所示。

表 4-10　内部主要职能的职责

管理过程	责任部门	主要工作职责
……	……	……
设备使用与维护管理	资产管理部、设备使用部门	按三好（管好、用好、维护好）四会（会操作、会检查、会维护保养、会排除小故障）的要求，负责设备使用与维护管理
……	……	……

外部支持接口职能的职责如表 4-11 所示。

表 4-11　外部支持接口职能的职责

责任部门	主要工作职责
……	……

续表

责任部门	主要工作职责
集团信息中心	资产管理信息系统的建设、技术支持、监督与检查
……	……

8）公司的资产管理体系及资产管理目标规划。

① 公司的资产管理体系目标。

② 资产管理目标。

9）公司的资产管理体系组织架构及岗位职责。

（2）国外 X 城市的 SAMP 框架。

1）介绍。

近年来 X 城市的 SAMP 从无到有的过程介绍。

2）SAMP 的作用。

理事会通过与居民及利益相关方就增加新资产的原因及需要对现有资产大修或改造的原因进行充分沟通后，居民及利益相关方认可了理事会的综合资产管理（Comprehensive Asset Management，CAM）计划。在理事会与居民及利益相关方的沟通过程中，SAMP 起到了非常重要的作用。SAMP 的作用如图 4-16 所示。

图 4-16 SAMP 的作用

SAMP 同时还提供及阐述了以下几点。

① 需要进行大修或改造的进一步的细节。

② 公共设施怎样才能为城市提供持续的服务，这必须依赖于可靠及安全的公共设施资产。

③ 城市怎样提供资金，保证资产管理与投资在财政上的可持续性，SAMP 旨在向居民、理事会和利益相关方通报城市基础设施资产、资产管理实践和融资策略的情况。

3）城市的核心服务领域。

① 社区服务。

② 娱乐和文化服务。

③ 应急服务。

④ 旅行和流动服务。

⑤ 环境服务。

⑥ 政府服务。

4）资产管理的管理架构和 SAMP 的编制。

2012 年，X 城市建立了一个资产管理的架构，由合作赞助商、资产管理指导委员会成员和各部门的代表组成。

SAMP 是由一个 CAM 工作小组编制的，这个工作小组向 CAM 指导委员会负责。图 4-17 是资产管理的管理架构。

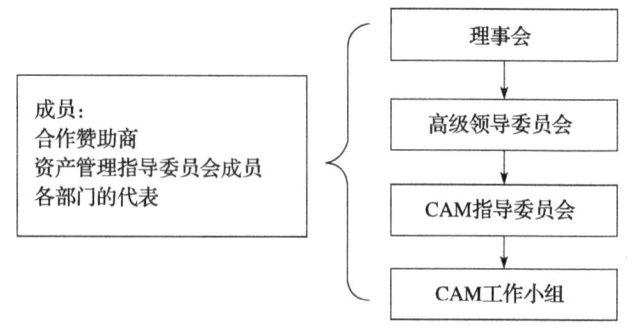

图 4-17 资产管理的管理架构

5）规划改进和监管。

为了指导 X 城市的发展，制订了一系列战略性的、长期性的规划文件，如综合资产管理方针、长期财政计划、总计划（官方计划、运输计划、基础设施计划及步行街计划等）、SAMP 及资产状况报告等，它们相互补充，一起发挥作用。对这些规划文件的审查频率如表 4-12 所示。

表 4-12 规划文件的审查频率

文件	审查的频率
综合资产管理方针	每 5 年 1 次（或根据需要随时进行）
长期财政计划	每届理事会 1 次（理事会的每个任职期 1 次）
总计划（官方计划、运输计划、基础设施计划、商业街计划等）	每 4～5 年 1 次
SAMP	一般要求：每届理事会 1 次（理事会的每个任职期 1 次）
资产状况报告	每届理事会 1 次（理事会的每个任职期 1 次）
……	……

通常情况下，城市预算每年都由理事会在一年一次的会议上批准，其中包括一份三年的资金预测报告。

6）资产状况的介绍。

① 资产的类型和数量。

② 资产的价值。

③ 使用寿命。

④ 资产目前的状况。

使用"非常好""好""一般""差"及"非常差"来评估目前资产的状况。

⑤ 资产数据库。

资产数据库包括核心资产数据库系统和数据维护。

⑥ 基本设想。

⑦ 资产管理的相关政策、策略和程序。

7）服务水平。

① 服务水平的状况。

② 目前的服务水平。

③ 服务水平趋势。

8）资产管理策略。

① 目标。

② 需求和规划的方案。

③ 资产生命周期管理策略。

资产生命周期管理策略包括运行和维护策略，资产管理决策，老龄化资产策略，非基础设施解决方案，资金投资计划，状况评估方案，关闭、停机策略和优化。

9）需求分析。

① 资产重新组合和处置。

② 采购方法。

③ 资产管理策略的风险。

10）融资策略

① 资金来源。

② 费用预测。

(3) 国外 X 水务公司的 SAMP 框架。

1) 介绍。

① 概述。

X 水务公司的简介,推行 ISO 55000 的简介,SAMP 的目的与意义。

② SAMP 的编制、时间跨度及评审。

③ SAMP 的沟通和使用。

④ 文件结构。

2) 营商环境。

① 水务公司资产简述。

② 商务驱动因素。

介绍业务需求、业务增长及客户期望等内容。

③ 机遇与挑战。

④ 当前资产状况。

3) 领导的作用与承诺。

① 资产管理原则。

② 岗位与职责。

4) 资产管理目标。

① 资产管理目标与绩效指标。

② 财务预算。

③ 资产管理体系。

④ 体系定义、框架和成熟度提升计划。

⑤ 资产管理体系的关键要素。

⑥ 资产管理决策过程。

资金提供的方案分析、资金需求分析、资金支出计划、维护与运行计划及寿命周期交付等。

⑦ 能力管理和提升。

⑧ 信息系统。

⑨ 资产的财务会计。

⑩ 绩效监控与持续改善。

第五章

领导力

5.1 领导力与承诺

> GB/T 33173—2016/ISO 55001:2014 的要求如下。
>
> 最高管理者应通过以下方面证实其在资产管理体系的领导力与承诺。
> ——确保建立资产管理方针、SAMP 和资产管理目标,并与组织的目标一致;
> ——确保将资产管理体系的要求纳入组织的业务过程;
> ——确保资产管理体系所需资源是可获取的;
> ——对于有效的资产管理以及满足资产管理体系要求的重要性进行传达;
> ——确保资产管理体系实现其预期结果;
> ——指导并支持员工为资产管理体系的有效性做出贡献;
> ——促进组织内的跨职能协作;
> ——促进持续改进;
> ——支持相关管理者在其职责范围内展示领导力;
> ——确保资产管理中所使用的风险管理方法与组织的风险

> 管理方法相协调。
>
> 注：本标准中所使用的"业务"一词可广义地解释为对组织的生存至关重要的活动。

上述是要求最高管理者通过开展一系列的工作，证明其在资产管理体系中的领导力与承诺。

5.1.1 最高管理者在资产管理体系中领导力的体现

最高管理者在资产管理体系中的领导力体现在如下几个方面。

（1）建立资产管理方针并组织宣贯，为公众所获取。

（2）建立 SAMP 并在资产监管机构、客户及相关方之间加强沟通，增加 SAMP 的可信度并最终获得认可。

（3）建立与组织目标一致的资产管理目标。

（4）对内外部环境有一定的要求，包括法律、法规的要求，最高管理者要通过会议、培训、文件及批示等渠道，将其重要性传达到组织的员工。

（5）为了确保资产管理体系所需资源是可获取的，为了确保资产管理体系实现其预期结果，针对资产被不同部门分割管理的现状，优化资产管理组织架构并重新明确架构中各个层级（高、中、基层）各个岗位职责，以使资产管理更加协调，减少资产管理的风险，提高交付能力。

（6）委派专人组织监督资产管理体系的建立、实施、运行和持续改善，如任命资产管理者代表，明确其职责及权限。

（7）组织进行资产管理的风险识别与管控。

（8）资产管理体系中其他需由最高管理者组织开展的工作。

对上述这一系列的工作要能提供相应的证据（如文件、记录、信息及数据等）证明。

5.1.2 资产管理体系的承诺

组织应向监管机构、客户及相关方做出资产管理的承诺。承诺反映出最高领导者对本组织管理资产的信心，可以提升组织的声誉，提高员工的资产管理意识。

资产管理体系承诺的要求和内容如下。

（1）要求。

资产管理体系的承诺应该与组织的资产管理方针、目标相一致。承诺必须是具体的，是可以兑现的，与同行业其他组织相比必须具有一定挑战性。

（2）内容。

内容可以是对资产管理方针、目标的承诺，对顾客服务质量的承诺，或者是对持续改善的承诺等。

5.1.3 承诺举例

X电网公司资产管理体系的承诺如下。

（1）认真实施资产管理体系，对违反资产管理方针和目标的行为进行坚决地抵制和惩处。

（2）因故障停电后，城市地区供电抢修人员到达现场的时间不超过45分钟，农村地区不超过90分钟，特殊边远地区不超过两小时。

（3）城市地区抢修到达现场后恢复供电的平均时间为4个小时，农村地区为5个小时。

（4）在欠费停电的客户缴清电费后的 12 个小时内复电。

（5）业扩报装（装表）接电期限，居民低压客户 2 个工作日内；商铺低压客户 3 个工作日内；小工厂高压客户 5 个工作日内。

X 电网公司的这些承诺对提高供电公司的快速响应能力及社会声誉起到了积极的作用。

5.2 方针

> GB/T 33173—2016/ISO 55001:2014 的要求如下。
> 最高管理者应建立资产管理方针，其标准如下。
> a）与组织的目标相适应；
> b）为资产管理目标的制定提供框架；
> c）包括满足适用要求的承诺；
> d）包括对持续改进资产管理体系的承诺。
> 资产管理方针应：
> ——与组织计划相一致；
> ——与组织的其他方针相一致；
> ——适用于组织资产和运营的性质与规模；
> ——能以文件化信息的形式获取；
> ——在组织内部进行沟通；
> ——适当时，使相关方可获取；
> ——得到实施与定期评审，必要时进行更新。

5.2.1 资产管理方针的重要性

资产管理方针具有以下特点。

（1）它是组织总方针的一个重要组成部分。

（2）由组织最高领导者发布的资产管理宗旨和方向。

（3）它是组织资产管理工作的旗帜。

（4）它是组织资产管理体系实施和改进的动力。

（5）它是资产管理体系有效性的评价及进行持续改善的基础。

资产管理方针应该这样制订。

（1）在制订时充分考虑组织的目标、内外部环境因素、客户需求、法律法规要求、利益相关方的需求与期望以及风险与机会等因素。

（2）是可获得的文件化信息。

（3）在组织内部通过培训、张贴及会议等方式，传达到每一个员工并为员工所理解。

（4）在有必要时使相关方获得。

（5）定期进行评审，以确定其适用性。

资产管理方针非常重要，从某种程度上来说，资产管理方针的水平决定了资产管理体系的水平，组织如果在一个低水平的资产管理方针的指导之下，不可能有高水平的资产管理体系在运行。

5.2.2 资产管理方针举例

X供水公司制订的资产管理方针是"全员参与，一切活动为客户；持续改进，资产价值最大化"。该方针的内涵如下。

（1）资产管理全员参与。

（2）生产和经营活动必须充分理解和符合客户的需求和期望。

（3）生产和经营活动必须满足客户的需求和期望。

（4）持续改进是全体员工永恒的追求。

（5）资产最大化地为组织创造价值。

5.3 组织的角色、职责与权限

> GB/T 33173—2016/ISO 55001:2014 的要求如下。
>
> 最高管理者应确保组织内部相关角色的职责和权限的分配与沟通。
>
> 最高管理者应为下述活动分配职责和权限。
> a）建立与更新 SAMP，包括资产管理目标；
> b）确保资产管理体系支持 SAMP 的实施；
> c）确保资产管理体系符合本标准的要求；
> d）确保资产管理体系的适宜性、充分性和有效性；
> e）建立与更新资产管理计划（见 6.2.2）；
> f）向最高管理者报告资产管理体系的绩效。

5.3.1 组织机构与职责权限

组织根据自身的职能建立资产管理的组织机构，确保整个组织内资产管理相关岗位的职责、权限得到分派、沟通和理解。

组织的最高领导者任命资产管理者代表，分派其职责和权限。资产管理者代表的职责和权限包括并不限于如下内容。

（1）确保资产管理体系符合 GB/T 33173—2016/ISO 55001:2014 的要求。

（2）向最高管理者报告资产管理体系的绩效及改进的机会。

5.3.2 组织架构及职能分配举例

（1）组织架构图举例。

X 企业资产管理组织架构如下图所示。

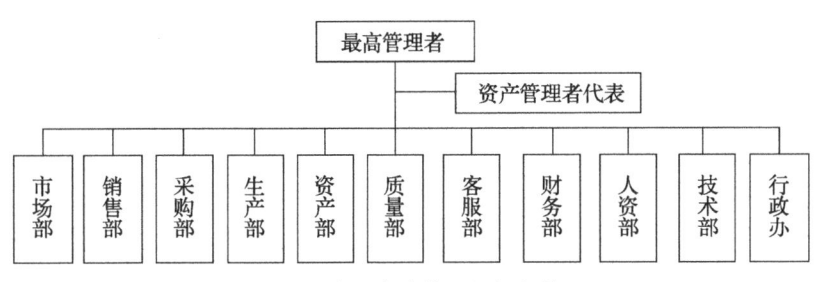

图 X企业资产管理组织架构

（2）职能分配表举例。

X企业资产管理组织架构的职能分配如下表所示。

表 X企业资产管理组织架构的职能分配

资产管理手册条款	各部门职能分配											
	最高管理者	管理者代表	市场部	销售部	采购部	生产部	资产部	质量部	客服部	财务部	人资部	技术部	行政办
4.1 理解组织及其环境	●	★	☆	○	○	○	☆	☆	☆	○	○	★	○	☆
4.2 理解相关方的需求与期望	●	★	☆	○	○	○	☆	○	○	○	★	○	○
4.3 确定资产管理体系的范围	●	★	○	○	○	○	★	○	○	○	○	○	○
4.4 资产管理体系	●	★	☆	○	○	○	★	○	○	○	○	○	○
5.1 领导力与承诺	●	★					☆			☆		○	
5.2 方针	●	★	○	○	○	○	☆	○	○	○	☆	○	○

· 55 ·

续表

资产管理手册条款	各部门职能分配											
	最高管理者	管理者代表	市场部	销售部	采购部	生产部	资产部	质量部	客服部	财务部	人资部	技术部	行政办
5.3 组织的角色、职责与权限	★	★	○	○	○	○	☆	○	○	○	★	○	○
6.1 资产管理体系中应对风险与机遇的措施	★	★	○	○	○	○	★	○	○	○	○	○	○
6.2 资产管理目标和实现目标的策划	●	★	○	○	○	○	★	○	○	○	○	○	★
7.1 资源	●	★	○	○	○	○	○	○	○	○	○	○	○
7.2 能力	○	○	○	○	○	○	○	○	○	○	★	○	○
7.3 意识	○	○	○	○	○	○	○	○	○	○	★	○	○
7.4 沟通	○	○	○	○	○	○	○	○	○	○	★	○	○
7.5 信息要求	○	○	○	○	○	★	○	○	○	○	○	○	○
7.6 文件化信息	○	○	○	○	○	○	○	○	○	○	★	○	★
8.1 运行的策划与控制	○	○	○	○	○	☆	★	○	○	○	○	○	○
8.2 变更管理	●	★	○	○	○	○	○	○	○	○	★	○	○
8.3 外包	○	○	○	○	○	☆	★	○	○	○	○	○	○
9.1 监视、测量、分析与评价	○	○	○	○	○	○	★	○	○	○	★	○	★

续表

资产管理手册条款	各部门职能分配												
	最高管理者	管理者代表	市场部	销售部	采购部	生产部	资产部	质量部	客服部	财务部	人资部	技术部	行政办
9.2 内部审核	○	●	○	○	○	○	★	○	○	○	☆	○	○
9.3 管理评审	●	○	○	○	○	○	★	○	○	○	☆	○	○
10.1 不符合和纠正措施	○	○	○	○	○	○	★	○	○	○	○	○	★
10.2 预防措施	○	○	○	○	○	☆	★	○	○	○	○	○	○
10.3 持续改进	○	○	○	○	○	○	★	○	○	○	☆	○	○

注：●主管领导；★责任单位；☆协助单位；○相关单位。

第六章

策 划

6.1 资产管理体系中应对风险与机遇的措施

> GB/T 33173—2016/ISO 55001:2014 的要求如下。
>
> 在策划资产管理体系时，组织应考虑4.1中涉及的事项与4.2中涉及的要求，并确定需要应对的风险与机遇，从而实现下述目标。
>
> ——确保资产管理体系能够实现其预期结果；
>
> ——避免或减少非预期影响；
>
> ——实现持续改进。
>
> 组织应策划以下活动：
>
> a）应对风险和机遇的措施，并应考虑到这些风险与机遇如何随时间而变化；
>
> b）如何在资产管理体系过程中整合并实施这些措施；如何评估这些措施的有效性。

6.1.1 一般企业的风险种类

风险的评估及对各种资产管理方案进行优先级排序是资产管理中最重要和最具挑战性的工作之一。资产风险与安全风险及运营风险等高度关联，这就意味着资产的风险管理在组织中要进行跨部门合作。一般企业的风险种类如图 6-1 所示。

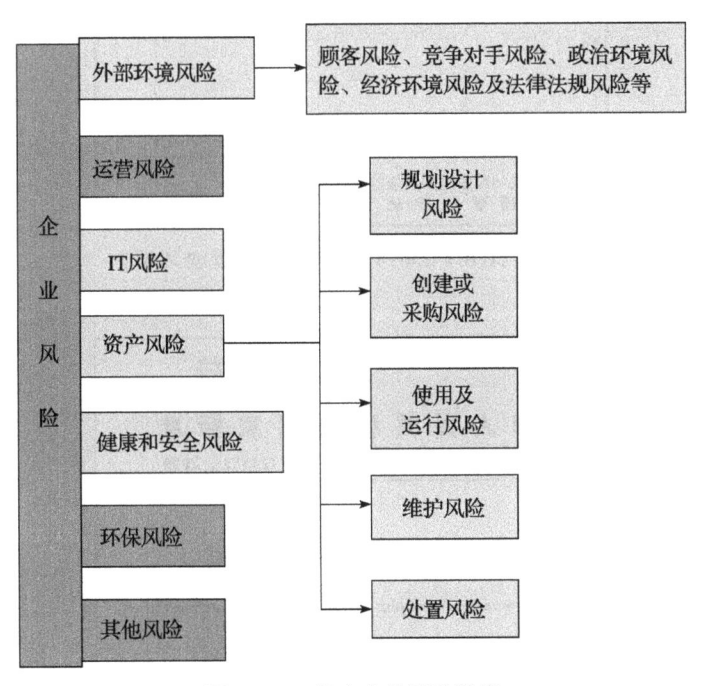

图 6-1 一般企业的风险种类

6.1.2 风险管理的过程

风险管理的三个国家标准分别如图 6-2、图 6-3 及图 6-4 所示。

ICS 01．040．03
A 22

中 华 人 民 共 和 国 国 家 标 准

GB／T 23694—2009／ISO／IEC Guide 73：2002

风险管理 术语

Risk management —Terminology

(ISO／IEC Guide 73：2002，Risk management — Vocabulary — Guidelines for use in standards，IDT)

2009-05-06发布　　2009-10-01实施

中华人民共和国国家质量监督检验检疫总局
中 国 国 家 标 准 化 管 理 委 员 会　发布

图 6-2 GB/T 23694—2009《风险管理 术语》

ICS 03.100.01
A02

中 华 人 民 共 和 国 国 家 标 准

GB/T24353—2009

风险管理 原则与实施指南

Risk management — Principles and guidelines on implementation

2009-09-130发布　　2009-12-01实施

中华人民共和国国家质量监督检验检疫总局
中 国 国 家 标 准 化 管 理 委 员 会　发布

图 6-3 GB/T 24353—2009《风险管理 原则与实施指南》

图 6-4 GB/T 27921—2011《风险管理 风险评估技术》

GB/T 24353—2009《风险管理 原则与实施指南》的主要内容包括风险管理原则、风险管理过程及风险管理的实施三个部分,其中的"5.风险管理过程"如图 6-5 所示。

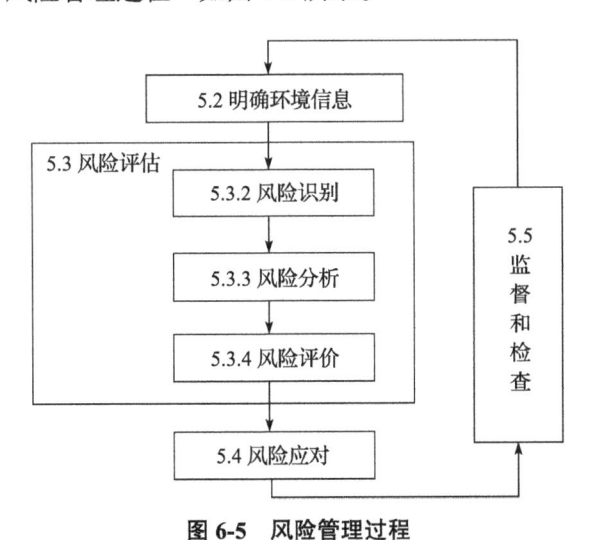

图 6-5 风险管理过程

图 6-5 中的"明确环境因素"就是要明确组织风险管理的目标、参数、范围及风险管理的有关准则等。在 GB/T 24353—2009《风险管理 原则与实施指南》中,对"5.2 明确环境因素"做了详细解释,解释的内容如图 6-6 所示。

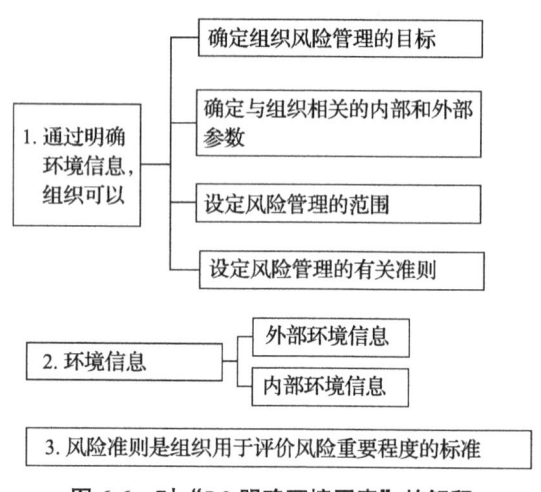

图 6-6 对"5.2 明确环境因素"的解释

6.1.3 一般企业对风险的评估过程

一般企业对风险的评估过程是将企业分成几个关键部门,针对每个部门进行详细的风险评估,最后合起来组成整个企业的风险清单。

X 公司在《资产风险识别和应对控制程序》的"职责"中规定了如下内容。

(1)资产管理部为《资产风险识别和应对控制程序》的归口管理部门,负责组织本公司的资产风险辨识和评价工作,汇总风险辨识和评价的结果,编写《不可接受风险一览表》。

（2）各部门负责本部门内生产及管理活动中的资产风险识别，并协助资产管理部对已识别出来的风险进行风险评估。

（3）资产管理者代表负责资产风险评价结果的审批。

X公司在其《资产管理体系手册》中规定如下内容。

（1）应对资产风险和机遇的措施。

1）制订《资产风险识别和应对控制程序》，明确风险和机遇事件识别的方法及途径，明确风险和机遇事件的评估方式，制订主要风险和机遇事件的应对措施，评价这些措施的有效性。

2）各部门根据本部门的资产管理活动、产品和服务过程，进行风险和机遇调查，分析资产风险和机遇。

3）资产管理部组织各部门相关人员对风险和机遇的事件进行评估，确定公司的主要风险和机遇的事件。

评估时考虑下述几个方面的因素。

① 违反法律、法规或其他要求的。

② 相关方高度关注的。

③ 对人身健康有明显影响的。

④ 对资源、能源有较大消耗的。

⑤ 产生重大影响、判定为主要风险和机遇的。

（2）资产管理部按类别对各部门上报的风险和机遇进行整理后报管理者代表审核。

6.1.4 风险评估技术

GB/T 27921—2011《风险管理 风险评估技术》中的"附录B（资料性附录）风险评估技术"列出了风险评估的技术共有32个种类，常用的是风险矩阵、失效模式及效应分析（FMEA）等。各种风险评估技术的详细内容可参见 GB/T 27921—2011《风险管理 风险评估技术》的相应内容。

6.1.5　X 地铁公司基于风险的资产维护计划

（1）背景。

X 地铁公司负责 X 城市快速轨道交通系统的工程建设、运营管理和附属资源的开发经营。拥有 14 条近 500 公里的地铁线路。

X 地铁公司致力于提升现有资产的绩效，于 2017 年导入 ISO 55001 资产管理体系。推行 ISO 55001 资产管理体系，要做的重要工作之一就是确定基于风险的资产管理，以识别并选择最恰当的资产维护措施。

（2）要求。

为了给广大市民提供安全、快捷的出行服务，需要地铁资产高效、可靠的运行，制订资产的总体维护计划必不可少。在 X 地铁公司，由于资金有限及资产老化等方面的问题，更凸显了制订有针对性的基于风险的总体资产维护计划的重要性。

（3）X 地铁公司主要资产种类。

X 地铁公司主要资产种类如图 6-7 所示。

（4）资产风险评价。

1）风险评估技术。

采用 FMEA 来进行资产风险评估。

2）风险评估工作流程。

风险评估工作流程如图 6-8 所示。

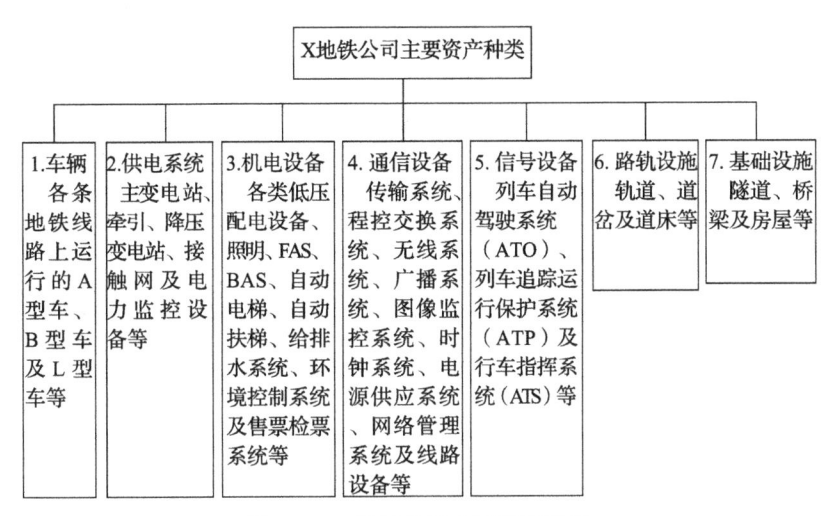

图 6-7 X 地铁公司主要资产种类

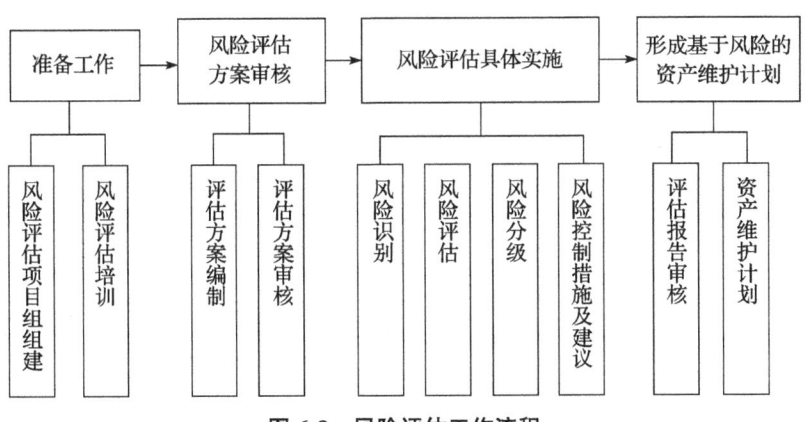

图 6-8 风险评估工作流程

3）风险评估的具体实施。

确定和识别潜在风险。对关键资产设施进行功能分析，然后列出可能发生故障的零部件清单，对各故障源进行评估。图 6-9 为自动扶梯的风险评价过程。

图 6-9　自动扶梯的风险评价过程

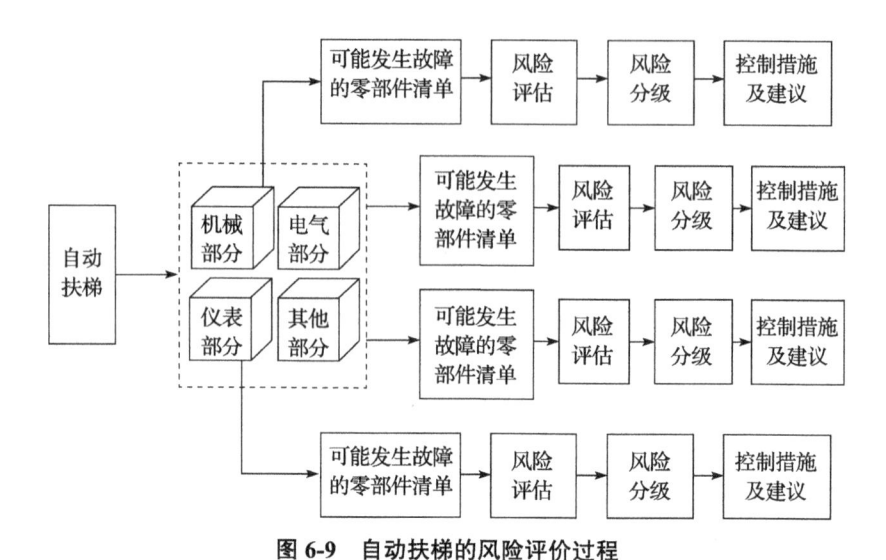

X 地铁公司的风险等级如表 6-1 所示。

表 6-1　风险等级

非常高 5	企业级风险 4级	企业级风险 4级	致命级风险 5级	致命级风险 5级	致命级风险 5级
高 4	部门级风险 3级	企业级风险 4级	致命级风险 5级	致命级风险 5级	致命级风险 5级
中 3	监测级风险 2级	部门级风险 3级	企业级风险 4级	致命级风险 5级	致命级风险 5级
低 2	岗位级风险 1级	监测级风险 2级	部门级风险 3级	企业级风险 4级	企业级风险 4级
很低 1	岗位级风险 1级	岗位级风险 1级	监测级风险 2级	部门级风险 3级	企业级风险 4级
可能性／严重程度	可忽略 1	次要 2	主要 3	严重 4	毁灭性 5

X 地铁公司不同等级风险的应对原则如表 6-2 所示。

表 6-2　不同等级风险的应对原则

风险等级	公司的态度	风险应对原则
致命级风险 5 级	非常难以接受	总经理或董事长主导管理
		资产管理部监督、检查
		限制使用与运行，进行全方位的评估及采取应对措施，设立预警值
企业级风险 4 级	不期望发生	公司级别的分管领导（如副总）主导管理
		资产管理部监督、检查
		制定应对措施，评估实施效果，定期监测
部门级风险 3 级	采取应对措施后可接受	部门经理主导管理
		资产管理部监督、检查
		制订应对措施，评估实施效果，定期监测
监测级风险 2 级	监测的情况下可接受	风险所在的岗位人员负责管理
		部门经理监督、检查
		定期监测，设立预警值
岗位级风险 1 级	可以接受	风险所在的岗位人员负责管理
		部门经理监督、检查
		定期监测

4）形成基于风险的资产维护计划。

项目组撰写资产风险评估报告并报请公司审核，最终形成基于风险的资产维护计划，具体如下。

① 短期、中期及长期维护计划。
② 经充分估算成本及按照优先级排序的维护措施清单。
5）实施基于风险的资产维护计划。
实施基于风险的资产维护计划，消除故障的潜在风险。
6）验证。
对实施措施的有效性进行评审并做记录，确保应对措施达到预期效果，目的是要对应对措施实施闭环管理。

6.2 资产管理目标和实现目标的策划

6.2.1 资产管理目标

> GB/T 33173—2016/ISO 55001:2014 的要求如下。
> 组织应在相关的职能和层级上建立资产管理目标。
> 建立资产管理目标时，组织在资产管理策划过程中应考虑关键相关方的要求及财务的、技术的、法律的、法规的和组织的要求。
> 资产管理目标应做到：
> ——与组织目标相协调、一致；
> ——与资产管理方针相一致；
> ——在建立与更新时应用资产管理决策准则（见 4.2）；
> ——作为 SAMP 的组成部分进行建立与更新；
> ——可测量（可行时）；
> ——考虑到适用的要求；
> ——得到监视；

> ——与关键相关方沟通；
> ——适当时进行评审与更新。
> 组织应保留资产管理目标方面的文件化信息。

（1）GB/T 33174—2016/ISO 55002:2014 明确的资产管理目标。

GB/T 33173—2016/ISO 55001:2014 的核心理念是令资产最大化地创造价值，绩效指标用于指示和衡量组织的资产对组织的服务或生产的贡献，即指示资产为组织创造价值的大小。GB/T 33174—2016/ISO 55002:2014 中明确列出了资产管理目标包括但不限于以下内容。

1）在资产管理方面。

——总体拥有成本；

——净现值；

——所使用资本的回报；

——计划实施的绩效；

——对资产管理体系的认证或资产管理成熟度评估（通过对标）；

——顾客满意度得分；

——社会或声誉调查结果；

——环境影响，例如碳排放成本；

——服务水平。

2）在资产组合方面。

——投资回报（所使用资本的回报或资产回报）。

3）在资产系统方面。

——资产系统的可用性；

——资产系统绩效（例如正常运行时间、效率）；

——产品或服务的单位成本。

4）在资产方面。

——可靠性（平均故障间隔时间或平均故障间隔距离）；

——资产状况、绩效或健康得分；

——寿命周期成本；

——预期寿命；

——资产能源绩效。

对于规模较大或复杂度较高的资产管理体系，组织可能还需要为资产管理体系本身创建目标。

（2）资产管理目标要依据组织计划及组织目标来制订。

GB/T 33172—2016/ISO 55000:2014 在"附录 B（资料性附录）资产管理体系各要素之间的关系"中，明确了资产管理目标是依据组织计划及组织目标来制订的，详情见图 4-14 资产管理体系各要素之间的关系。

如 X 地铁公司的经营战略高度关注"安全""准确""高效""服务"及"成本"，则在导入 ISO 55001 资产管理体系时其资产管理目标可以按表 6-3 所示来设置。

表 6-3　X 地铁公司资产管理目标

指标类型	指标名称
安全可靠性指标	事故发生率
准确性指标	准点率、晚点率、清客频率及运营图兑现率等
高效性指标	运营路网使用效率及能源使用效率等
服务类指标	设备设施的可靠性及乘客服务水平等
成本类指标	管理效率、运营效率及车辆维修效率等

（3）不同类型的组织资产管理目标不同。

如 X 发电行业明确"用户损失时间"为衡量资产管理的关键目标之一，X 铁路公司明确"晚点列车次数"为衡量资产管理的关键目标之一，X 城市公园的运动场则明确"客户服务水平等级"为衡量资产管理的关键目标之一。

（4）遵循 SMART 原则制订资产管理目标。

SMART 原则的含义如下。

1）S（Specific）指目标必须是具体的，不应该是笼统的或模棱两可的。

2）M（Measurable）指目标要数量化，能够提供数据和信息来验证目标的达成状况。

3）A（Attainable）指目标不能设立得过高或过低，通过付出努力，目标是可以达到的。通俗地讲，就是目标要"跳一跳，够得着"。

4）R（Relevant）指目标与其他目标是具有关联性的，与实际工作也是相关联的。

5）T（Time Bound）指完成目标要有具体的截止期限。

资产管理目标的制订要符合上述的 SMART 原则。

（5）资产管理目标的监控与评审。

GB/T 33174—2016/ISO 55002:2014 的第 6.2.1.4 条，对资产管理目标的监控与评审提出了要求。

GB/T 33174—2016/ISO 55002:2014 的第 6.2.1.4 条的要求如下。

根据资产管理目标的优劣和组织目标的实现程度来监视组织资产管理的绩效，是资产管理体系的重要组成部分。绩效偏差宜作为修订资产管理目标的输入。

宜在定期的管理评审中评审资产管理目标,且宜将评审结果反馈至持续改进过程。

6.2.2 实现资产管理目标的策划

GB/T 33173—2016/ISO 55001:2014 的要求如下。

组织应将实现资产管理目标的策划纳入组织其他策划活动中,包括财务、人力资源和其他支持职能等。

组织应建立、形成文件和保持资产管理计划,以实现资产管理目标。资产管理计划应与资产管理方针和 SAMP 相一致。

组织应确保资产管理计划考虑到资产管理体系以外的相关要求。

在策划如何实现资产管理目标时,组织应确定以下内容并形成文件。

a) 决策方法、决策准则及各种活动与资源的优先级,以实现资产管理计划和资产管理目标;

b) 在全寿命周期内管理资产所采用的过程和方法;

c) 做什么;

d) 所需资源;

e) 谁来负责;

f) 完成时间;

g) 如何评估结果;

h) 资产管理计划的适当时间范围;

i) 资产管理计划对财务和非财务方面的潜在影响;

> j）资产管理计划的评审周期（见9.1）；
>
> k）应对与资产管理有关的风险和机遇的措施，并应考虑到这些风险与机遇如何随时间而变化，这些措施可以通过建立下述过程得以实现：
>
> ——识别风险和机遇；
>
> ——评估风险和机遇；
>
> ——确定资产在实现资产管理目标方面的重要程度；
>
> ——对风险和机遇实施适当处理和监视。
>
> 组织应确保其风险管理方法（包括应急计划）考虑到资产管理有关的各种风险。
>
> 注：欲获取有关风险管理的更多指导，见GB/T 24353—2009。

（1）资产管理计划的定义。

GB/T 33172—2016/ISO 55000:2014 在 "3.3.3" 的条款中对 "资产管理计划" 的定义明确如下。

> 3.3.3
>
> 资产管理计划 Asset Management Plan
>
> 规定单项资产或一组资产的活动、资源和进度的文件化信息，旨在实现组织的资产管理目标。
>
> 注1：资产的分组可基于资产类型、资产等级、资产系统或资产组合。
>
> 注2：资产管理计划源自战略资产管理计划。
>
> 注3：资产管理计划可能包含于战略资产管理计划之中或是其子计划之一。

资产管理计划是针对单独资产、资产组合、分组资产或分类资产的管理计划，目的是实现组织的资产管理目标。资产管理计划包括资产管理的各种活动、需要什么样的资源及明确时间表等方面的要素。

（2）资产管理计划的类型。

资产管理计划有两种类型。一种是寿命周期资产管理计划，它是针对不同类型的资产，如实物资产的工厂、设备、工具、土地及基础设施等，通过明确对它们的维护、维修及大修等活动后而形成的，它是基于资产的寿命周期而编制的资产管理计划。另一种是计划周期内的资产管理计划，它是将资产寿命周期管理计划按不同的时间段进行分解而建立的，它的内容来自资产寿命周期管理计划，它的一个计划周期可以是1年、5年或10年不等。

（3）单个资产的资产管理计划示例。

以航空发动机为例来说明。航空发动机的寿命周期资产管理计划由各计划周期内的资产管理计划组成，如图6-10所示。

寿命周期资产管理计划								
计划周期内的资产管理计划1	计划周期内的资产管理计划2	计划周期内的资产管理计划3	计划周期内的资产管理计划4	计划周期内的资产管理计划5	计划周期内的资产管理计划6	计划周期内的资产管理计划7	计划周期内的资产管理计划8

图6-10 寿命周期资产管理计划

作为设计指标，航空发动机的寿命是规定好的，比如某种航空发动机的设计寿命为2000个小时。设计发动机时要进行"部件定寿"，即针对航空发动机里面的零部件，设计时要确定它们的寿命。如果发动机的寿命想要达到 2000 个小时，那么它里面的各个零部件的寿命应超过发动机的寿命。也就是说，航空发动机的寿命要最终转化成零部件的寿命，零部件的设计人员要按照这个标准（寿命超过 2000 个小时）来设计相关的零部件。

航空发动机的寿命周期资产管理计划，就是它在运行 2000 个小时的寿命周期当中，包括维护、保养、维修及报废处置等整体的管理计划。

航空发动机的计划周期内的资产管理计划，就是它运行既定的小时数（比如 200 个小时、500 个小时或 800 个小时）后进行维护的计划。

航空发动机的寿命周期资产管理计划与计划周期内的资产管理计划如图 6-11 所示。

图 6-11 航空发动机的寿命周期资产管理计划

(4)综合资产管理计划。

通过调整及排出优先顺序,将组织资产的寿命周期资产管理计划及计划周期内的资产管理计划整合到一起,形成一个时间周期内(如以 1 年、5 年或 10 年为一个周期)的综合资产管理计划。整合的同时,编制出支持综合资产管理计划的财务预算、人力资源需求计划及其他资源(如维修场地、工器具等)需求计划。综合资产管理计划如图 6-12 所示。

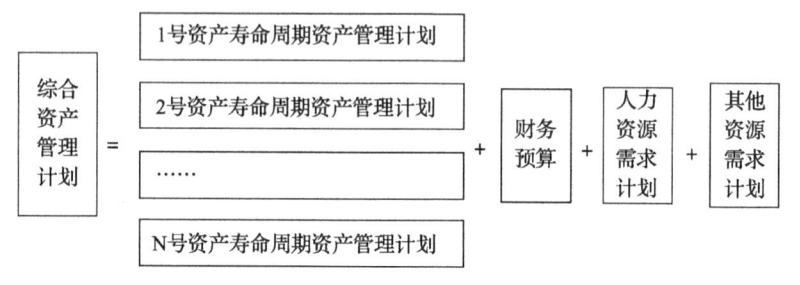

图 6-12 综合资产管理计划

综合资产管理计划包含如下这些方面的要素。

1)资产主要的维护计划,如停机及翻新安排等。

2)预计的资产采购计划。

3)资产处置计划。

4)CAPEX(资本支出)和 OPEX(运营支出)财务计划或建议。

5)组织中与综合资产管理计划相关联的职责的分配。

6)实现计划的人、财、物等资源需求。

6.2.3 X 公司的资产管理计划内容框架

下面是 X 公司 5 年期的资产管理计划的内容框架。

（1）资产管理计划的名称。

（2）前言。

（3）概述。

（4）介绍。

1）组织环境。

2）目标。

3）相关方。

4）领导力。

5）方针、愿景及使命。

6）组织机构图。

7）组织机构图中各岗位的职责。

8）监管情况。

（5）编制计划的过程。

1）编制计划的目的。

2）5年资产管理计划的框架。

（6）资产简述。

1）关键资产概述。

2）资产分布图、计划时间节点及流程图。

3）当前的利用率。

4）不同类型资产的年龄及资产状况概述。

（7）资产管理驱动因素。

1）决策驱动因素。

2）市场驱动因素。

3）需求驱动因素。

4）技术因素。

5）需求管理。

（8）服务水平。

1）服务水平的定义。

2）目标指标。

3）绩效。

4）服务水平规划和策略。

（9）计划。

1）资产容量。

2）资产可利用率。

3）资产维护、工器具及所需设备。

4）信息系统、流程及分析。

5）风险、紧急情况的应对。

6）安全方面。

7）环境保护方面。

8）监督及改善。

（10）财务概述。

1）财务计划编制。

2）可连续性。

3）维护。

4）资产处置。

5）计划期间的预算。

（11）附录。

1）定义。

2）缩写词和首字母缩写词。

3）参考资料。

第七章

支 持

7.1 资源

> GB/T 33173—2016/ISO 55001:2014 的要求如下。
> 组织应确定并提供建立、实施、保持和持续改进资产管理体系所需的资源。
> 组织应提供所需资源,以实现资产管理目标和实施资产管理计划中规定的活动。

组织为了建立、实施、保持和持续改进资产管理体系,实现资产管理目标,实施资产管理计划中规定的活动,需要提供适宜的资源。资源包括人、财、物、技术与方法等几个方面。

7.1.1 组织如何确定资产管理体系所需要的资源

组织应从资产组合、资产管理体系及资产管理三个层次来确定和考虑资产管理体系的建立、实施、保持和持续改进所需要的资源,如表 7-1 所示。

表 7-1　组织确定资产管理体系所需要资源时应该考虑的内容

层次	目的	组织应该确定和考虑的内容	备注
资产组合	为了实施资产组合的相关活动	① 资产维护活动所需的资源是否满足？比如资产维护活动所需要的各类消耗品是否能满足需要； ② 使资产组合创造价值的各类原材料是否能满足需要； ③ 资产组合如果发生变化，检讨与之相对应的资源是否能满足变化的需要； ④ 资产的利用率如果发生变化（比如由一班运转改为三班运作），检讨与之相对应的资源是否能满足变化的需要	组织的资产管理计划中应该列出资产维护活动
资产管理体系	为了实施资产管理体系的相关活动	① 建立沟通系统； ② 建立文件管理系统； ③ 建立人力资源管理系统； ④ 建立信息技术系统	—
资产管理	为了实施资产管理的相关活动	① 实施资产管理活动，要达到预期的效果（或交付），需要哪些资源； ② 资产管理活动的管控需要的资源； ③ 个人能力如何提升； ④ 及时提供投资和运行所需要的资金	—

7.1.2　人力资源

（1）组织在建立资产管理架构时，要考虑什么样的架构最易于让组织对资产实施高效管理。

（2）建立资产管理组织架构，配备相应的资产管理人员，明确组织架构中各岗位的职责。

下面是 X 公司资产全寿命周期管理体系建设组织机构建立的例子。

1）资产全寿命周期管理体系建设组织机构的层次。

X 公司资产全寿命周期管理体系建设组织机构分为三个层次，即决策层、管理层和执行层，如表 7-2 所示。

表 7-2 组织机构的三个层次

层次	组织机构的全称及简称
决策层	资产全寿命周期管理体系建设领导小组（简称"领导小组"，下同）
管理层	资产全寿命周期管理体系建设办公室（简称"体系建设办公室"，下同）
执行层	资产全寿命周期管理体系建设专业实施小组（简称"专业实施小组"，下同），包括决策管理组、业务执行组、绩效改进组、资产风险管理组、制度标准组、资产信息管理组及基础保障组

2）资产全寿命周期管理体系建设的组织机构。

X 公司资产全寿命周期管理体系建设的组织机构如图 7-1 所示。

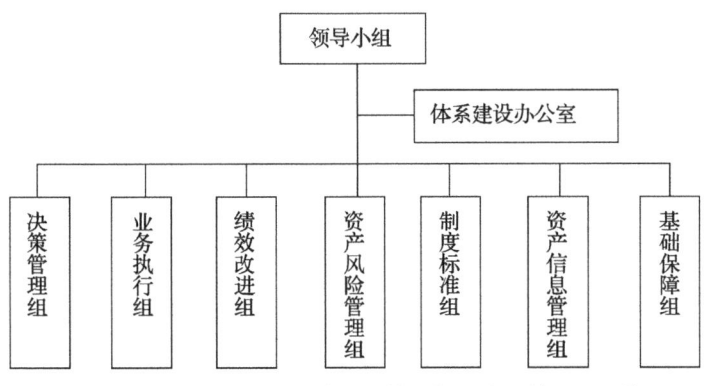

图 7-1 X 公司资产全寿命周期管理体系建设的组织机构

3）组织机构的成员组成及关键职责。

X 公司资产全寿命周期管理体系建设组织机构的成员组成及关键职责如表 7-3 所示。

表 7-3 组织机构的成员组成及关键职责

组织机构	成员组成	关键职责
领导小组	组长：总经理 副组长：总工程师 成员：各职能副总经理	① 制订 X 公司资产全寿命周期管理体系建设的方针和目标、工作计划及实施策略； ② 对资产全寿命周期管理体系建设中的重大问题作出决策； ③ 负责审批管理评审计划及管理评审报告； ④ 为资产全寿命周期管理体系建设提供人、财、物及技术等资源
体系建设办公室	主任：资产管理副总 副主任：资产管理部长 成员：各职能部门部长	① 总体负责管理体系的建设、运行、评价及持续改进工作； ② 牵头贯彻落实领导小组制订的各项决策及工作计划； ③ 管控体系建设的工作进度及工作质量； ④ 协调安排各相关部门在体系建设方面的日常工作，并对日常工作进行监督、检查及纠偏； ⑤ 定期组织召开领导小组会议； ⑥ 组织开展管理体系的管理评审工作并出具管理评审报告
专业实施小组	组长：牵头负责的部门负责人 副组长：相关业务负责人 成员：各部门业务骨干	① 执行与资产管理有关的规章制度，对各项资产管理活动予以具体落实； ② 落实体系建设办公室安排的各项工作任务，接受体系建设办公室对工作的监督、检查与审核

4）工作要求。

① 各专业实施小组接受体系建设办公室的工作安排与调配。

② 问题解决的原则。一般专业问题在专业实施小组内解决，跨专业的问题由体系建设办公室协调解决，重大问题由体系办公室组织召开领导小组会议讨论解决。

③ 建立领导小组例会机制，每个季度召开一次领导小组例会。

④ 工作的监督与考核。体系建设办公室对各专业实施小组的工作进行监督、检查与考核。

7.1.3 其他必需的资源

（1）财力支持。

组织提供资产管理所需的财力支持。

（2）物力支持。

组织为资产管理配备适当的工器具、辅助设备设施及场地等。

（3）技术与方法。

组织让资产管理人员掌握相应的技术与管理方法，去建立、实施、保持和持续改进资产管理体系，去实现资产管理目标和实施资产管理计划中规定的活动。如推行资产管理信息化就是组织使用先进的技术工具提高资产管理的效率。

（4）资产为组织及其相关方实现价值的必需资源。如列出咨询项目费用预算，请外部专业机构指导组织如何让资产最大化地为组织创造价值。

7.1.4 组织资产由不同部门分割管理

在现实中，很多组织的资产分别由不同的部门进行管理。X公司的资产由不同的部门分开管理的情况如下。

（1）设备管理部门负责生产设备、能源供应（水、电、气、真空、制冷等）设施及特种设备等的管理。

（2）计量部门负责检验检测设备及计量仪器仪表等的管理。

（3）技术部门负责专利技术及著作权等的管理。

（4）行政部门负责办公设备、食堂、各种车辆及消防系统等的管理。

（5）基建部门负责土地、厂房建筑、道路及附属物等的管理。

（6）营销部门负责品牌推广及商标等的管理。

（7）财务部门负责股票、债券及资产价值等的管理。

（8）安环部门负责安全与环保处理设备的管理。

我们认为资产由不同的部门分开管理的情况有优点和缺点。其中存在的明显不足就是资产管理活动难以协调，在一定程度上会影响企业的成本与交付。

7.2 能力

> GB/T 33173—2016/ISO 55001:2014 的要求如下。
>
> 组织应这样做：
>
> ——确定受其控制的工作人员所需的能力，这些人员从事的工作影响资产绩效、资产管理绩效和资产管理体系绩效；
>
> ——确保这些员工在适当的教育、培训或经验的基础上能够胜任；

——适当时,采取措施以获得必要的能力,并评估措施的有效性;

——保留适当的文件化信息作为能力的证据;

——定期评审当前和未来对人员能力的需要和要求。

注:例如,适当的措施包括为现有的员工提供培训、指导或岗位调整,或聘用有能力的人员。

7.2.1 组织如何确定员工所需要的能力

组织应从资产组合、资产管理体系及资产管理三个层次来确定和考虑员工所需要的能力,如表 7-4 所示。

表 7-4 组织确定员工所需要的能力时应该考虑的内容

层次	目的	组织应该确定和考虑的内容
资产组合	为了实施资产组合的相关活动	① 资产类型。有哪些资产类型,为了实施这些类型资产的管理活动需要具备哪些能力; ② 资产体系。为了实施资产管理体系需要具备哪些能力; ③ 资产配置。各项业务需要配置哪些资产,是否有能力配置; ④ 风险与机遇的应对(包括财务与非财务的影响应对)需要哪些能力; ⑤ 当资产组合发生变更时适应变更的能力; ⑥ 绩效评价和改进的能力
资产管理体系	为了实施资产管理体系的相关活动	支持资产管理体系的系统与工具

续表

层次	目的	组织应该确定和考虑的内容
资产管理	为了实施资产管理的相关活动	① 对领导力的要求是否能满足； ② 对组织文化的要求是否能满足； ③ 对变更管理的要求是否能满足； ④ 决策的方法和标准； ⑤ 当资产管理发生变更时适应变更的能力

7.2.2 组织应进行管控的活动

组织应对以下活动进行管控。

（1）明确与资产管理体系有关的各层级人员所需具备的能力。

（2）基于适当的教育与培训，确保各层级人员具备所需的能力。需要时向外部招聘具备能力的人来处理资产管理的相关工作。

（3）建立人事档案，保留员工教育、培训、考试及工作经历的记录，作为人员能力的证据。

X企业为了确保各级人员的资产管理能力，在建立的《人力资源管理程序》及《教育、训练管理作业指引》中明确提出以下内容。

一是入职培训。

所有新员工入厂时必须参加由X学院主导的入职培训，主要内容有企业文化、厂规厂纪、ISO知识、RoHS知识、安全知识、资产管理意识、品质意识及5S等内容，考核合格方可分配到各自所属的部门试用。具体依据《教育、训练管理作业指引》的要求进行。

二是岗前培训。

在岗员工与转岗员工需要进行岗前培训。与资产管理体系相关的岗位，如设备操作员，需经设备的理论与实践考核合格，取得操作证后方可上岗。

三是在职培训。

资产管理部门与人事行政部门每年在公司范围内进行一次资产管理年度培训需求的调查，人事行政部门安排内外部资源落实培训需求。

7.3 意识

> GB/T 33173—2016/ISO 55001:2014 的要求如下。
>
> 在组织管理下进行工作，并对实现资产管理目标产生影响的员工都应意识到以下问题：
> ——资产管理方针；
> ——他们对资产管理体系有效性的贡献，包括改善资产管理绩效带来的收益；
> ——他们的工作活动、相关的风险和机遇及相互关联；
> ——不符合资产管理体系要求的后果。

组织如何确定员工应该具备的意识

组织应从资产组合、资产管理体系及资产管理三个层次来确定员工所需具备的意识，如表 7-5 所示。

表 7-5 组织确定员工所需具备的意识时应该考虑的内容

层次	目的	组织应该确定和考虑的内容
资产组合	为了实施资产组合的相关活动	① 要了解资产组合当前的状态和绩效； ② 要了解资产组合未来的状态和绩效； ③ 要了解资产组合在当前状态的相关风险； ④ 要了解资产组合在未来状态的相关风险； ⑤ 要了解资产组合的任何变化
资产管理体系	为了实施资产管理体系的相关活动	① 要了解当前的资产管理体系； ② 要了解未来资产管理体系的状态； ③ 要了解资产管理体系在当前状态中存在的相关风险； ④ 要了解资产管理体系在未来状态中存在的相关风险； ⑤ 要了解资产管理体系的任何变化，包括在工作开展进度上的变化； ⑥ 在显眼的位置对资产管理体系的各项绩效指标及其实施状况（或趋势）进行可视化展示
资产管理	为了实施资产管理的相关活动	① 对领导力的要求有哪些； ② 对组织文化的要求有哪些； ③ 对变更管理的要求有哪些； ④ 在显眼的位置对资产管理的方针与目标进行可视化展示； ⑤ 在显眼的位置对资产管理的绩效进行可视化展示

X 企业要求每一个员工应了解以下内容。

（1）组织资产管理的方针与目标。

（2）部门资产管理的目标与指标。

（3）资产管理体系对本职工作的要求，如果不满足要求，会有什么后果。

（4）本职工作的好坏会给自己的上一个岗位和下一个岗位带来什么影响。

（5）本职工作对给顾客的交付有什么影响。

（6）自己的工作岗位有哪些资产管理的风险。

通过班前会议、定期会议、媒体视频、看板、标语及微信群等来增强员工对资产管理的认识。

7.4 沟通

> GB/T 33173—2016/ISO 55001:2014 的要求如下。
> 组织应确定与资产、资产管理和资产管理体系有关的内外部沟通的需求，包括以下内容：
> ——沟通内容；
> ——沟通时机；
> ——沟通对象；
> ——沟通方式。

沟通作为资产管理体系的一个重要的组成部分，使组织将资产管理活动的信息定期传达到相关方。

沟通举例

X企业要求最高管理者必须确保在组织内建立适当的沟通过程（《信息交流控制程序》），并确保对资产管理体系的有效性进行沟通，主要沟通方式有内部网络、会议等，如表 7-6 所示。

表 7-6　X 企业资产管理体系有效性年度沟通安排

沟通方式	主导者	沟通的主要内容	参与部门	频度
月度资产管理会议	资产管理部门	① 资产管理的收益和绩效检讨，如检讨资产管理各项目标的达成情况等；② 资产组合的绩效检讨；③ 对资产组合及资产管理有影响的改善或改变；④ 资源与需求的变化	资产管理部门、制造部门	一个月一次
资产管理内审	资产管理者代表	内审要求的各项内容检讨	资产管理部门、制造部门、人事行政部门等	半年一次
资产管理外审	总经理、资产管理者代表	外审要求的各项内容检讨	资产管理部门、制造部门、人事行政部门等	一年一次
资产管理板报	资产管理部门	资产管理知识的宣传及最新状况的展示	资产管理部门	一个月一次
资产管理活动月	资产管理部门	① 组织环境的变化检讨；② 资产管理知识竞赛；③ 各项工作落实情况的检查及表彰先进等	资产管理部门、制造部门、人事行政部门等	一年一次

续表

沟通方式	主导者	沟通的主要内容	参与部门	频度
登门拜访及召开会议	资产管理部门	与水务公司、燃气公司、电力公司及政府特种设备管理部门等沟通	资产管理部门、人事行政部门	一个月一次

7.5 信息要求

GB/T 33173—2016/ISO 55001:2014 的要求如下。

组织应确定用于支持资产、资产管理、资产管理体系以及实现组织目标的信息要求。为实现这一目标，组织应做好以下工作。

a) 组织应考虑以下要素：

——已识别风险的重要性；

——资产管理的角色和职责；

——资产管理的过程、程序和活动；

——与相关方（包括服务供应商）进行的信息交换；

——信息的质量、可用性和管理对组织决策的影响；

b) 组织应确定以下内容：

——已识别信息的属性要求；

——已识别信息的质量要求；

——收集、分析和评价信息的方式和时机；

c) 组织应规定、实施和保持信息管理的过程；

d) 对于整个组织范围内与资产管理有关的财务和非财务术语的一致性，组织应确定要求；

> e）组织应确保财务、技术数据和其他相关非财务数据间的一致性、可追溯性，并且在考虑相关方
> 要求和组织目标的情况下满足法律和法规上的要求。

7.5.1 资产信息管理

（1）建立资产信息管理的系统与过程。

组织在开展资产管理和实现资产管理目标的过程中会涉及大量信息的管理。资产信息管理是资产管理体系的一部分，组织应建立资产信息的收集、整理、存储、维护和传递的系统和过程。

（2）信息的一致性要求。

组织应确保与资产管理相关的财务和非财务信息的一致性。

（3）信息的安全要求。

组织应考虑资产管理信息的安全要求。

7.5.2 资产信息管理平台

组织应系统梳理资产全寿命周期管理的各项业务流程，全面分析在资产管理过程中形成的各种数据，建立资产信息管理的平台，确保资产管理准确、高效。一般的企业是建立资产管理的信息化平台，有些企业称之为"EAM"，即"企业资产管理（Enterprise Asset Management）"软件。

X企业在建立资产管理体系时建立了资产管理信息化平台，其架构如图7-2所示。

资产管理信息化平台的功能举例。

同类维修项目的费用对比查询。点击"维修费用历史记录"，

弹出对话框,通过条件筛选可查出同类维修项目费用的历史数据,通过对比,可以实现委外维修费用的合理下降,如图7-3所示。

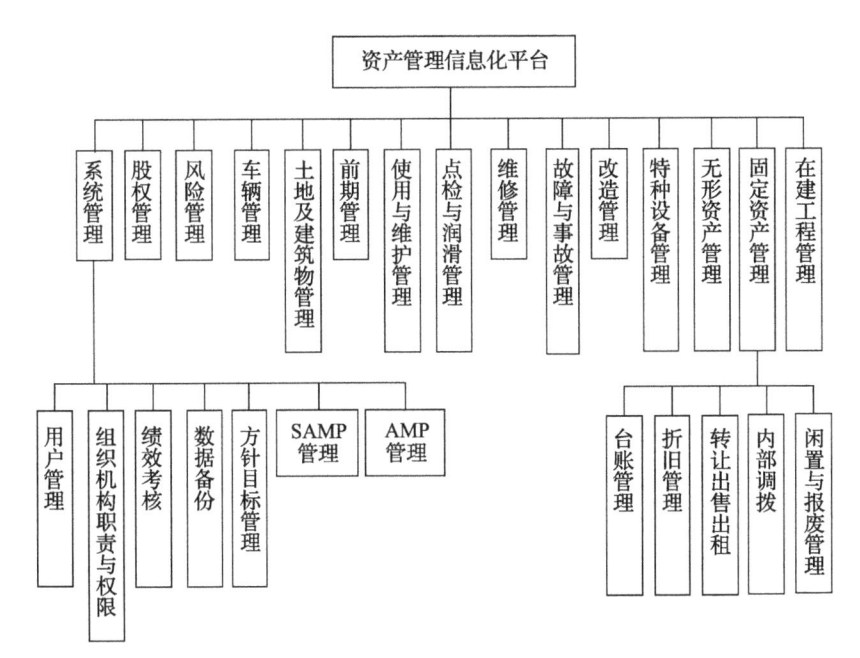

图 7-2　X 企业的资产管理信息化平台架构

图 7-3　维修费用历史记录

7.6 文件化信息

7.6.1 总则

> GB/T 33173—2016/ISO 55001:2014 的要求如下。
> 组织的资产管理体系应包括以下内容。
> ——本标准所要求的形成文件的信息;
> ——适用的法律要求和法规要求中的文件化信息;
> ——组织确定的为保证资产管理体系有效性(见 7.5)所必需的文件化信息。
> 注：与资产管理体系有关的文件信息范围因组织而异,具体取决于以下几点。
> ——组织的规模和活动、过程、产品和服务的类型;
> ——过程及其相互作用的复杂程度;
> ——员工的能力;
> ——资产的复杂程度。

资产管理体系文件是资产管理体系运行的基础。GB/T 33173—2016/ISO 55001:2014 对资产管理体系文件的制订、发行、修改及废止提出了要求。组织应该建立符合 GB/T 33173—2016/ISO 55001:2014 要求的文件化信息。组织应满足文件化信息的要求,确保现场使用的文件为最新版本,防止误用失效或作废的文件。

7.6.2 创建与更新

> GB/T 33173—2016/ISO 55001:2014 的要求如下。
> 在创建与更新文件化信息时,组织应确保适当的:

——标识和描述（例如标题、日期、作者或索引号等）；

——格式（例如语言、软件版本、图片等）和媒介（例如纸质版、电子版等）；

——评审和批准，以确保适宜性和充分性。

当组织建立和更新文件时，应确保使用适当的标识、格式和媒介，便于文件化信息被审核和批准。

7.6.3 文件化信息的控制

GB/T 33173—2016/ISO 55001:2014 的要求如下。

资产管理体系和本标准所要求的文件化信息应得到控制，以确保：

a) 在所需的场所和时间可获取并适宜；

b) 得到充分的保护（例如避免泄密、不当使用或缺失）。

适当时，组织应采取下述措施对文件化信息进行控制：

——分发、访问、检索和使用；

——存储和保存，并易于辨识；

——变更控制（例如版本控制）；

——保留和处置。

组织确定的、策划和运行资产管理体系必需的、外来的文件化信息应予以适当识别与控制。

注：访问可以仅指允许查看文件化信息，或指允许查看和有权变更文件化信息。

组织应建立《文件化信息控制程序》来规范资产管理体系的文

件管理。《文件化信息控制程序》一般包括9个方面的内容。

（1）指定部门负责管理资产管理体系文件，明确其职责与权限。

（2）明确文件的存在形式，如电子版与纸质版的存在形式。

（3）明确资产管理体系文件的结构或层级，如X公司明确其资产管理体系文件分为四个层级，分别是资产管理体系手册、程序文件、作业文件、表单及记录。

（4）内部文件管理流程。

（5）外部文件管理流程。

（6）明确文件审核权限。

（7）文件及资料编号原则。

（8）文件受控标识。

（9）保密规定。

X公司在其《文件化信息控制程序》中明确指出资产管理体系文件层级，如图7-4所示。

管理体系手册：资产管理体系手册。体系中最高层次文件，包含资产管理的组织架构与职责、战略资产管理计划（SAMP）、管理方针与目标、资产管理计划及法律法规要求等。它描述体系的各项要求，是体系管理的纲领性文件。

程序文件：程序文件。资产管理手册的支持性文件，规定管理体系的实施过程及相关活动，包括目的、定义、职责、工作接口、控制流程、控制要求和方法。

作业文件：作业文件。为了保证程序文件中的过程与活动得到有效策划与落地而编写的相关文件，如各种管理制度、作业指导书与管理标准等。

表单及记录：表单及记录。记录各有关的管理活动，并为管理体系审核提供证据。

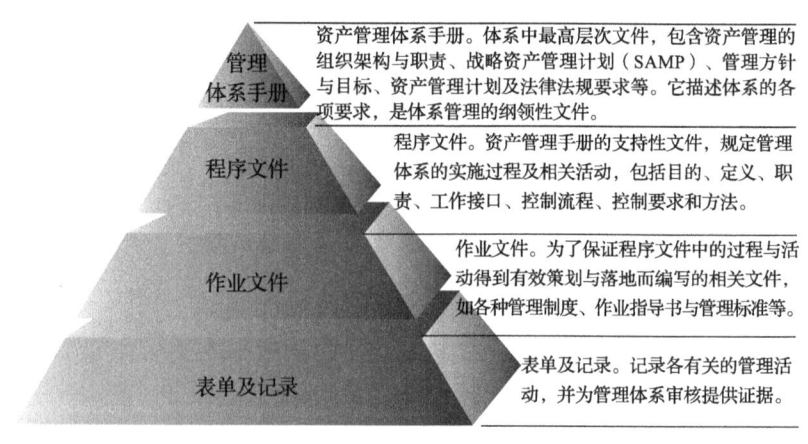

图7-4　X公司资产管理体系文件层级

X公司在其《文件化信息控制程序》中明确了资产管理体系内部文件管理的流程，如图 7-5 所示。

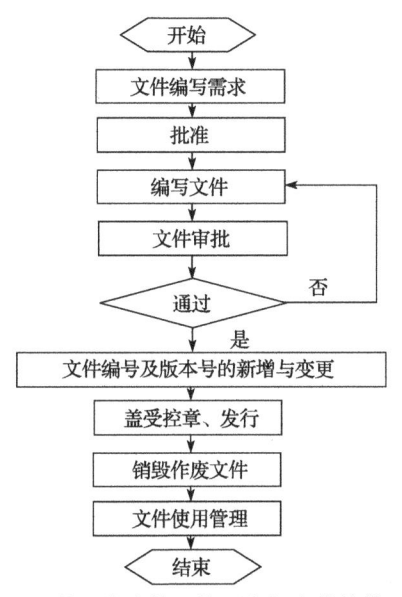

```
        开始
         ↓
      文件编写需求
         ↓
        批准
         ↓
      编写文件 ←──────┐
         ↓           │
      文件审批         │
         ↓           │
        通过 ──否──────┘
         ↓是
   文件编号及版本号的新增与变更
         ↓
      盖受控章、发行
         ↓
      销毁作废文件
         ↓
      文件使用管理
         ↓
        结束
```

图 7-5　X 公司资产管理体系内部文件的管理流程

第八章

运 行

8.1 运行的策划与控制

> GB/T 33173—2016/ISO 55001:2014 的要求如下。
> 8.1 运行的策划与控制
> 组织应策划、实施和控制所需的过程以满足要求，并实施 6.1 所确定的措施、6.2 所确定的资产管理计划和 10.1 与 10.2 所确定的纠正措施和预防措施，具体如下：
> ——为所需过程建立相应的准则；
> ——按照准则对过程实施控制；
> ——保存必要的文件化信息，对过程按计划实施提供相应的证明和依据；
> ——应用 6.2.2 所描述的方法来处理和监视风险。

8.1.1 对资产寿命周期内各项管理活动进行管理

（1）资产寿命周期内各项管理活动的管理过程。

资产寿命周期内的各项管理活动，包括规划管理、选型管理、购置管理、安装管理、调试管理、运行管理、维护管理、维修管理、升级改造管理及处置报废管理等。组织应为这些管理活动建立管理过程（如制度、流程及表单等），并执行、评价及记录这些管理过程。管理过程如图 8-1 所示。

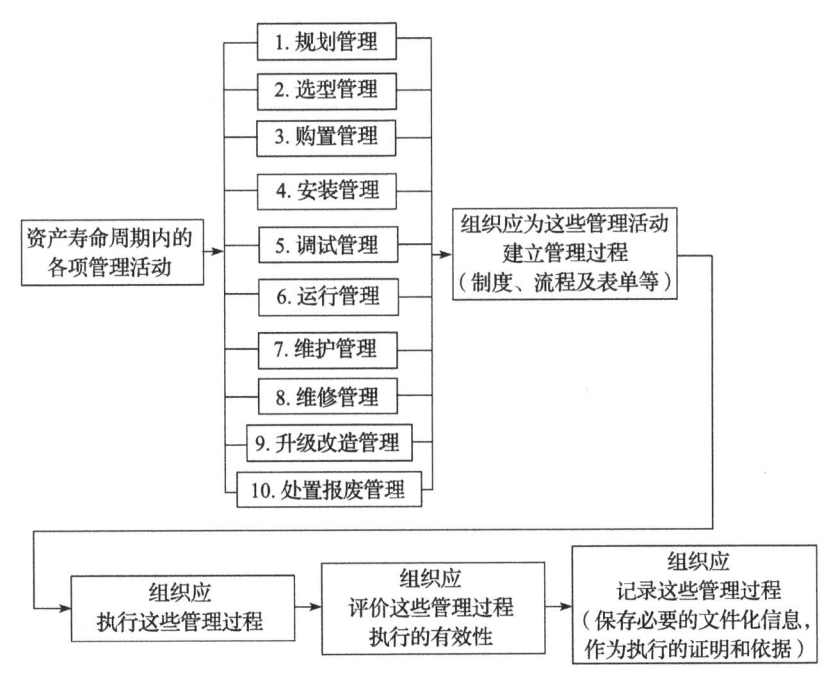

图 8-1　资产寿命周期内各项管理活动的管理过程

（2）各类资产寿命周期内的管理活动各不相同。

组织的资产有各种各样的类型，不同类型的资产，其寿命周期管理内的管理活动种类有比较大的差异。简单对比一下水库与设备的寿命周期内的管理活动，就可发现其中的异同点，如表 8-1 所示。

表 8-1 水库与设备寿命周期内的管理活动对比

资产类型	规划设计	采购建(立)设	运维检修	退役报废
水库	可行性研究、政府审批及施工设计等	招投标、库区移民、现场施工建设及竣工验收等	泥沙淤积处理、堤坝及建筑物维护、各种构件维护、水库巡查、隐患消除、水位监控、蓄水、泄水、干渠维护、卫生整治及收费管理等	① 降低一个或一个以上等别使用管理；② 报废
设备	① 自制设备：信息收集、图纸设计及方案论证等；② 外购设备：需求批准、选型、供应商考察等	制作组装、合同审批、现场安装调试、试运行及验收等	使用维护、点检管理、状态监测、润滑管理、故障管理、维修管理及改造管理等	① 改造使用；② 报废

无论是什么类型的资产，组织都应该建立如图 8-1 所示的资产寿命周期内各项管理活动的管理过程。

8.1.2 组织应策划实施的内容

组织应策划实施 GB/T 33173—2016/ISO 55001：2014 中的如下 4 个方面的内容。

（1）6.1 资产管理体系中应对风险与机遇的措施。

（2）6.2 资产管理目标和实现目标的计划。

(3) 10.1 不符合和纠正措施。

(4) 10.2 预防措施。

策划实施上述 4 个方面内容的过程如图 8-2 所示。

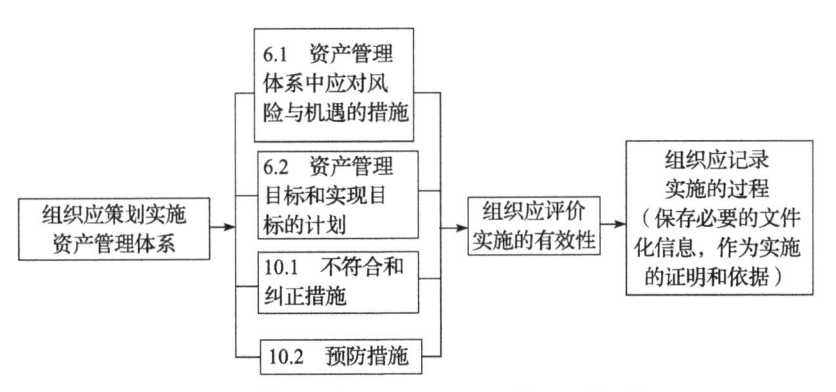

图 8-2 策划实施 6.1、6.2、10.1 及 10.2 的过程

8.1.3 处理和监视出现的风险和机遇

在对资产寿命周期内各项管理活动的管理过程（见图 8-1）中，在策划实施 6.1、6.2、10.1 及 10.2 的过程（见图 8-2）中，会产生新的风险与机遇，组织应处理和监视新出现的风险和机遇，过程如图 8-3 所示。

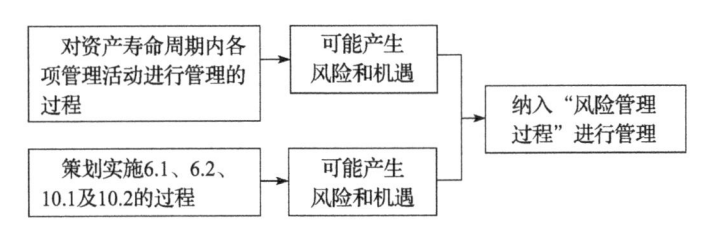

图 8-3 处理和监视新出现风险和机遇的过程

注："风险管理过程"见"图 6-5 风险管理过程"。

8.1.4 设备寿命周期的管理模式——设备闭环管理模式

设备闭环管理模式是我在长期辅导企业推行全面生产维护（Total Productive Maintenance，TPM）的过程中总结提炼出来的设备管理模式。推行设备闭环管理模式对设备寿命周期管理的改善效果显著。下面我们对这一管理模式进行简略的介绍。

（1）设备闭环管理模式的定义。

设备闭环管理模式以追求设备为企业最大化地创造价值为目标，以设备寿命周期为管理对象，通过对设备寿命周期内的各项管理工作进行设计、优化和完善，使这些管理工作形成 PDCA 管理闭环，并对这些管理工作依据评价标准进行定期的评价，使企业的设备管理水平不断提升，设备综合效率（Overall Equipment Efficiency，OEE）不断提升，直至最大化。设备闭环管理模式的核心思想是闭环管理。

（2）设备闭环管理模式的进一步说明。

设备闭环管理模式是企业持续提升设备管理水平的一种系统性思路，企业一旦加以实施推广，将会显著提升企业的设备管理水平。

企业通过推行设备闭环管理模式，让闭环管理的理念深入人心，不断提升企业的设备管理水平，使 OEE 不断提升直至最大化，其最终的目标是要使设备为企业最大化地创造价值。

（3）设备闭环管理模式的管理对象。

设备闭环管理模式的管理对象是设备寿命周期内的各项管理活动，共 19 项，如图 8-4 所示。

（4）设备闭环管理模式的目标、本质及基础。

设备闭环管理模式的目标、本质及基础如图 8-5 所示。

第二篇　GB/T 33173—2016/ISO 55001:2014 的解读和实施

设备寿命周期内的19项管理活动：
1. 方针目标
2. 机构职责
3. 维修预防
4. 前期管理
5. 自主维护
6. 点检管理
7. 状态监测
8. 润滑管理
9. 故障管理
10. 专业维修
11. 备件管理
12. 特种设备
13. 改造管理
14. 资财管理
15. 档案管理
16. 费用预算
17. 风险管理
18. 绩效指标
19. 后期管理

图 8-4　设备寿命周期内的 19 项管理活动

价值 → 目标：使设备为企业最大化地创造价值。

闭环 → 本质：让设备寿命周期内的各项管理活动实行闭环管理，是设备闭环管理模式的本质。

全员 → 基础：从企业最高层管理人员到基层员工全员参与，是设备闭环管理模式的基础。

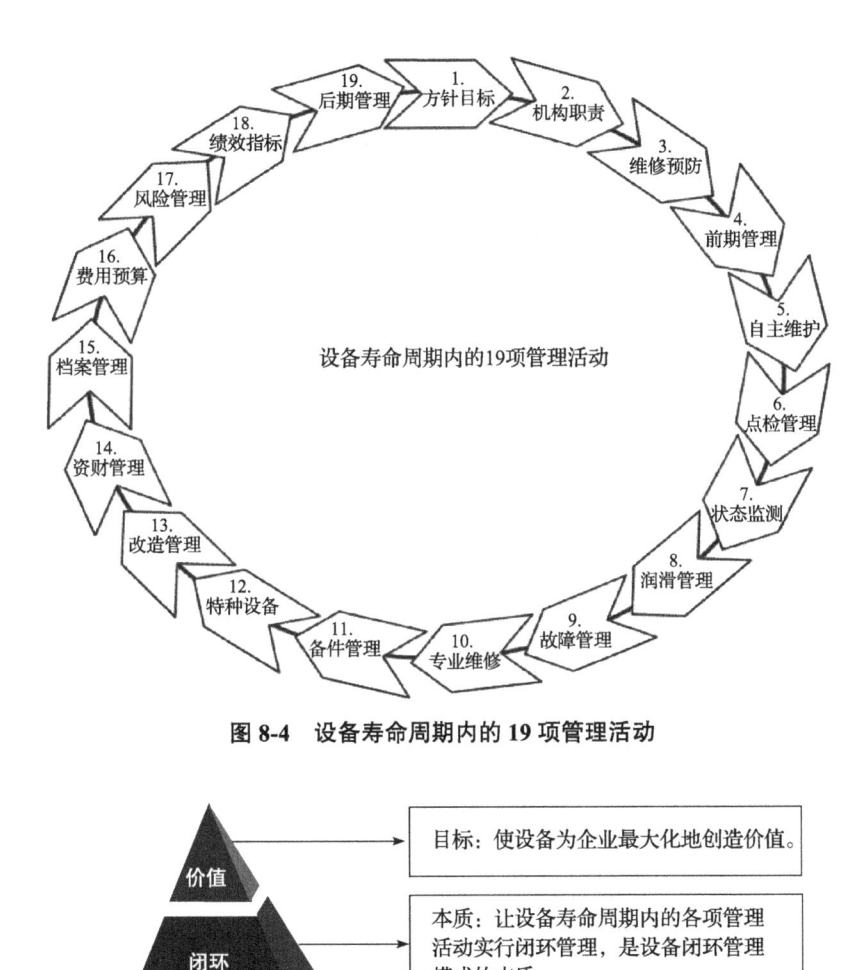

图 8-5　设备闭环管理模式的目标、本质及基础

设备闭环管理模式追求的目标是使设备为企业最大化地创造价值，如图 8-6 所示。

图 8-6 设备闭环管理模式追求的目标

（5）设备闭环管理模式的模型。

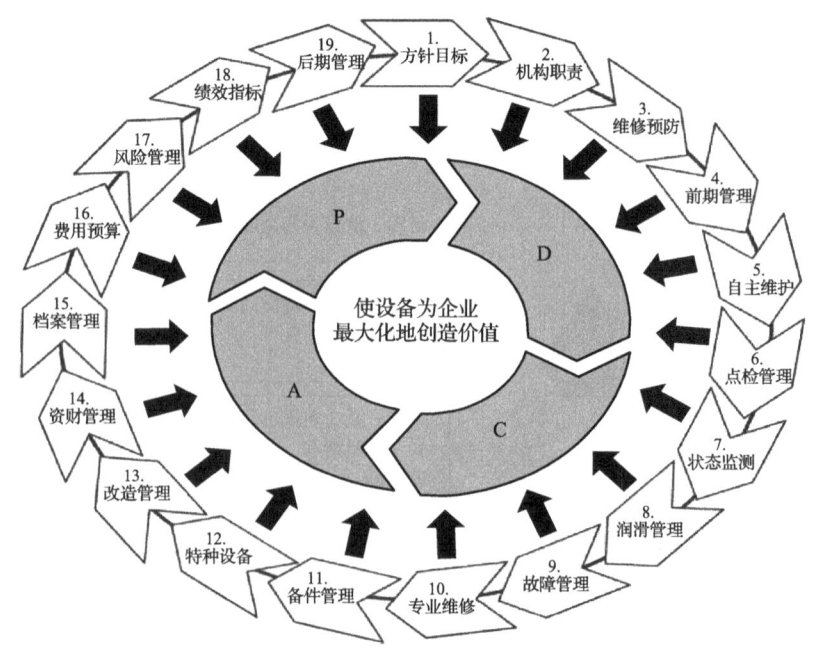

设备闭环管理模式的模型如图 8-7 所示。推行设备闭环管理模式，使设备寿命周期的 19 项管理活动形成 PDCA 管理闭环。

图 8-7 设备闭环管理模式的模型

在图 8-8 的模型中，使设备为企业最大化地创造价值指的是以优化设备寿命周期管理、提升设备管理水平为切入点，对企业的经营管理进行全方位的优化改善，提升企业的经营效益。

（6）设备闭环管理模式文件层级设计。

设备闭环管理模式文件层级的设计如图 8-8 所示。

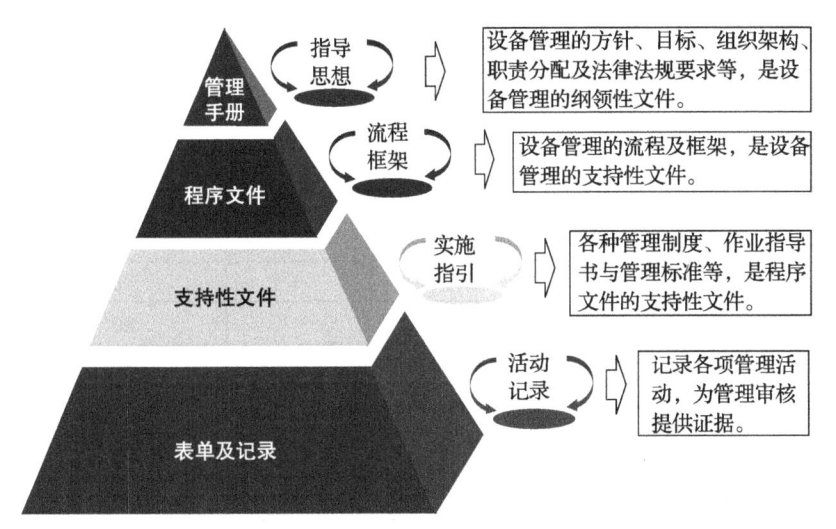

图 8-8　设备闭环管理模式的文件层级设计

8.1.5　设备闭环管理模式的星级评价

（1）星级评价标准。

设备闭环管理模式建立了设备管理的星级评价标准，依据评价标准对设备在寿命周期内的各项管理活动进行定期的评价，以了解各项管理活动的开展情况。现场评价后，专家要撰写评价报告，提出改善建议，对企业的改善过程进行跟踪指导。

（2）星级评价的周期。

星级评价的周期一般是一年进行一次，特殊情况可以半年进行一次。

（3）谁来进行星级评价。

实施设备闭环管理模式的企业可以申请外部专业机构进行评价，也可以经外部专业机构培训授权后自己开展评价工作。

（4）星级评价的项目及配分如表 8-2 所示。

表 8-2 星级评价的项目及配分

序号	评价项目	配分
1	方针目标	30
2	机构职责	50
3	维修预防	50
4	前期管理	30
5	自主维护	80
6	点检管理	80
7	状态监测	60
8	润滑管理	70
9	故障管理	80
10	专业维修	80
11	备件管理	60
12	特种设备	40
13	改造管理	40
14	资财管理	40
15	档案管理	40
16	费用预算	40
17	风险管理	40
18	绩效指标	60
19	后期管理	30
总配分		1000

(5)设备闭环管理模式的星级评价模型。

设备闭环管理模式的星级评价模型如图 8-9 所示。

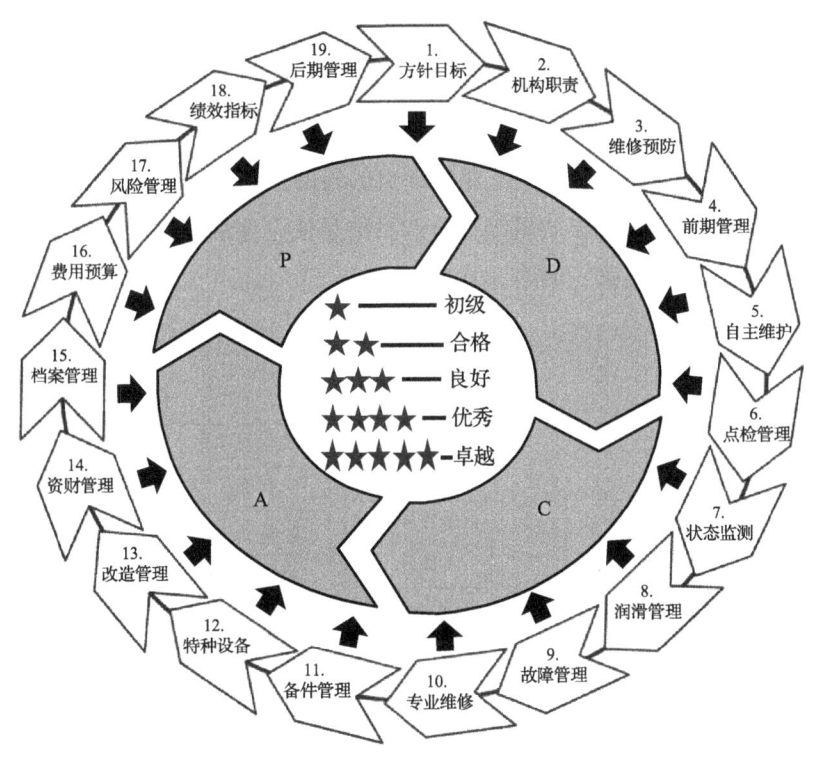

图 8-9 设备闭环管理模式的星级评价模型

(6)评价得分、星级及设备管理水平的对应关系。

评价得分、星级及设备管理水平的对应关系如表 8-3 所示。

表 8-3 评价得分、星级及设备管理水平的对应关系

评价得分	星级	设备管理水平
500 分以下	一星级 ★	初级
501～700 分	二星级 ★★	合格

续表

评价得分	星级	设备管理水平
701～850 分	三星级★★★	良好
851～950 分	四星级★★★★	优秀
951～1000 分	五星级★★★★★	卓越

（7）设备闭环管理模式星级评价的目的。

设备闭环管理模式星级评价的目的是使企业的设备管理水平不断提升，持续改善，如图 8-10 所示。

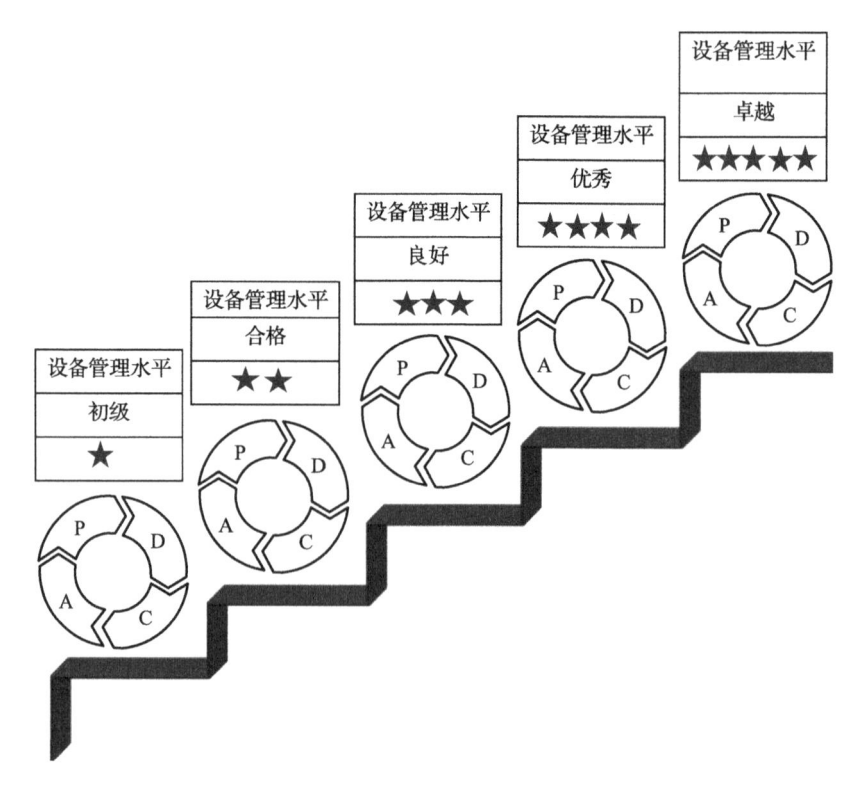

图 8-10 星级评价的目的

8.1.6 设备闭环管理模式的 LOGO

设备闭环管理模式的 LOGO 如图 8-11 所示。

图 8-11　设备闭环管理模式的 LOGO

8.2　变更管理

> GB/T 33173—2016/ISO 55001:2014 的要求如下。
> 任何影响资产管理目标实现的计划内变更，无论其是永久的还是临时的，由此带来的相关风险应在变更实施前进行评估。
> 组织应确保按照 6.1 和 6.2.2 所述的方式来管理风险。
> 组织应控制计划内的变更、评审变更所带来的非预期后果，必要时采取措施以减轻不利影响。

变更不外乎有两种——内部变更与外部变更。内部变更与外部变更可能包括的种类及其管控措施分别如图 8-12 和图 8-13 所示。

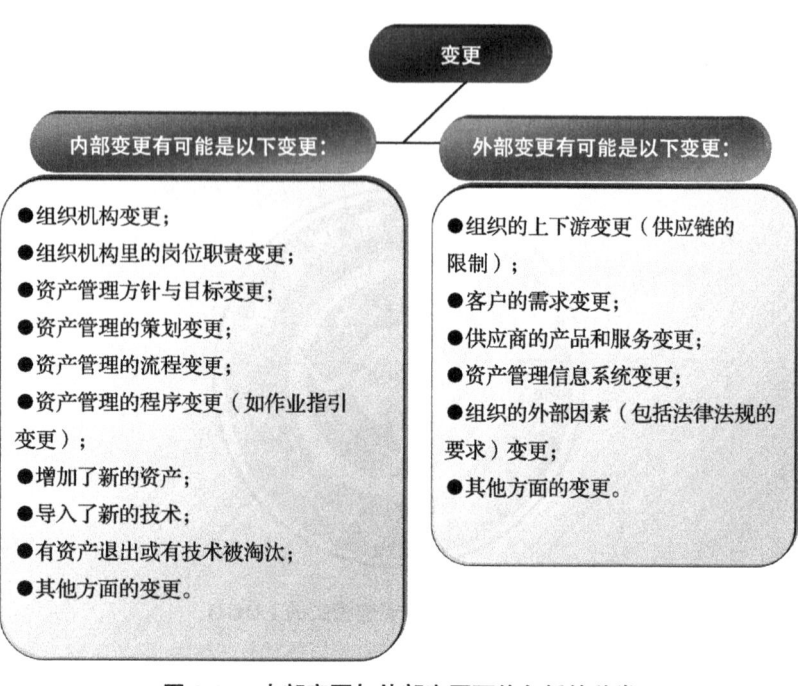

```
                            变更
        ┌─────────────────────┴─────────────────────┐
  内部变更有可能是以下变更：              外部变更有可能是以下变更：

  ● 组织机构变更；                        ● 组织的上下游变更（供应链的
  ● 组织机构里的岗位职责变更；              限制）；
  ● 资产管理方针与目标变更；              ● 客户的需求变更；
  ● 资产管理的策划变更；                  ● 供应商的产品和服务变更；
  ● 资产管理的流程变更；                  ● 资产管理信息系统变更；
  ● 资产管理的程序变更（如作业指引        ● 组织的外部因素（包括法律法规的
    变更）；                                要求）变更；
  ● 增加了新的资产；                      ● 其他方面的变更。
  ● 导入了新的技术；
  ● 有资产退出或有技术被淘汰；
  ● 其他方面的变更。
```

图 8-12　内部变更与外部变更可能包括的种类

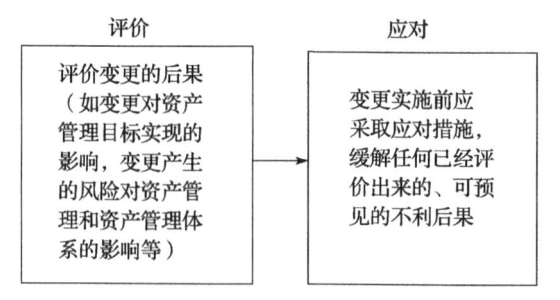

```
        评价                          应对
  ┌─────────────────┐         ┌─────────────────┐
  │ 评价变更的后果   │         │ 变更实施前应     │
  │ （如变更对资产   │         │ 采取应对措施，   │
  │ 管理目标实现的   │────────▶│ 缓解任何已经评   │
  │ 影响，变更产生   │         │ 价出来的、可预   │
  │ 的风险对资产管   │         │ 见的不利后果     │
  │ 理和资产管理体   │         │                  │
  │ 系的影响等）     │         │                  │
  └─────────────────┘         └─────────────────┘
```

图 8-13　内部变更与外部变更的管控措施

组织应设立变更管理的过程或程序来管理组织的内外变更。X 桥梁建筑企业在其《变更管理程序》中确定的材料变更管理流程如图 8-14 所示。

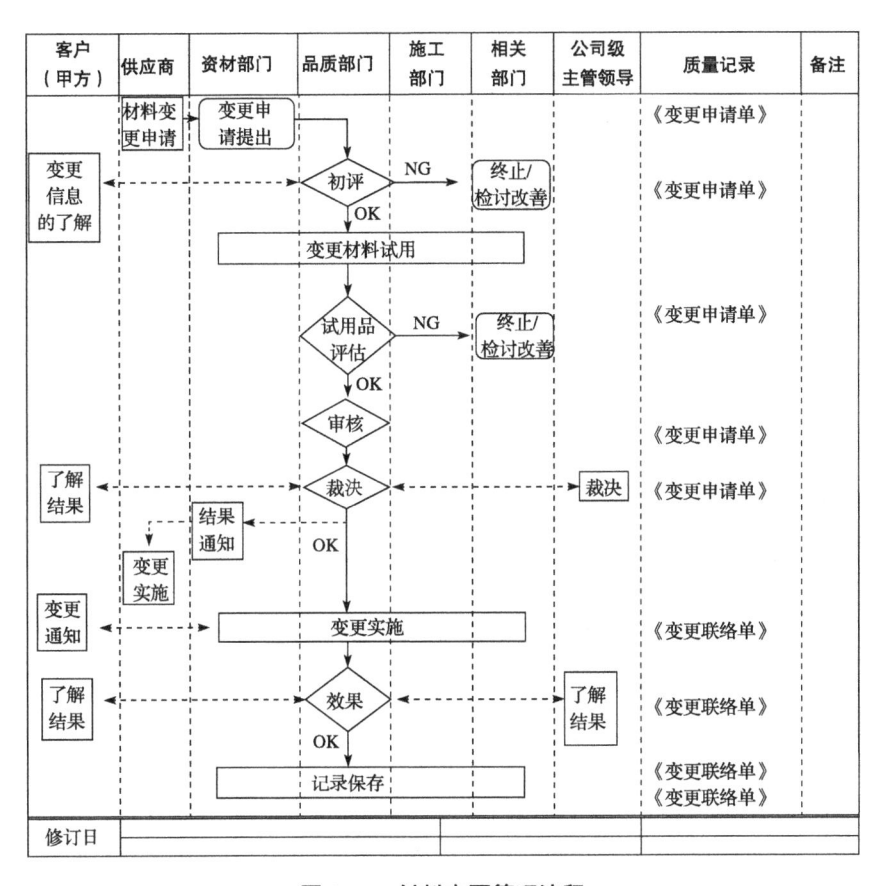

图 8-14 材料变更管理流程

8.3 外包

> GB/T 33173—2016/ISO 55001:2014 的要求如下。
>
> 组织将任何对实现其资产管理目标有影响的活动外包时，应评估其风险。组织应确保外包的过程和活动得到控制。
>
> 组织应确定并记录这些活动如何得到控制且整合到组织的

> 资产管理体系中。组织应确定以下内容：
>
> a）将被外包的过程和活动（包括被外包的过程和活动的范围和边界，以及与组织自身的过程和活动的接口）；
>
> b）组织内管理外包过程和活动的职责和权限；
>
> c）组织及其承包服务供应商之间共享知识和信息的过程和范围。
>
> 在外包任何活动时，组织应确保两点：
>
> ——被外包的资源满足 7.2、7.3 和 7.6 的要求；
>
> ——按照 9.1 的要求监视被外包活动的绩效。

外包是指组织根据自身的需要，为了维持自身的核心竞争能力，借助其他组织的功能和服务来动态地配置自身的业务，利用外部的资源为组织内部的生产和经营服务。

8.3.1 组织可以外包的生产经营活动

组织的如下生产经营活动可以外包。

（1）非核心的生产经营活动。

比如水电公司，其核心业务是为所有客户（个人客户、企业客户、城市或地区客户）提供优质的电力供应与服务。然而，库区绿化、保洁与安保等，可以视为水电公司的非核心生产经营活动，可以外包给专业的公司来做。

（2）专业度比较高的工作。

在水电公司，发电机机组的油品化验，通风系统及空调系统的维护维修，设备上触摸屏、变频器及可编程控制器的维修，电脑主机板的维修，马达维修等，属于专业度相对比较高的工作，可以外包给专业的公司来做。

（3）适合于外包的其他方面的工作。

如人力资源管理中非核心部分的工作，委托人才服务专业机构（如猎头公司）管（办）理，货运物流业务外包给专业的物流公司等。

8.3.2 组织不可以外包的生产经营活动

组织的如下生产经营活动不可以外包。

（1）核心的生产经营活动。

（2）对客户或相关方影响大的工作。

（3）极容易出问题的工作。

8.3.3 外包的利与弊

（1）外包有利的方面。

1）外包可以让组织专注于核心业务与核心的生产经营活动。

2）外包可以使组织内部的机构变得非常简练。

3）外包可以降低成本，转移或规避风险。

4）外包可以提高劳动生产率。

5）外包可以充分利用承包商的专业技术能力与服务水平。

6）外包可以让组织有时间与精力开拓新的业务。

（2）外包存在的弊端。

1）降低了控制力。

外包可能意味着组织内部不再拥有开展外包出去的这种工作的专长，或逐步会放弃对该职能的控制。

2）提供服务的时间响应上有可能会滞后，如对危急事情的处置可能会不及时。

3）外包增加了对其他组织的依赖性。

4）外包让组织存在泄密的可能性。

5）外包不利于持续改善。

6）承包方责任感不强，对工作缺乏强有力的承诺。

8.3.4 对资产管理中外包的管理要求

组织外包出去的是工作任务，但是，组织不可能外包自己的管理职责，也就是说，对外包出去的生产经营活动，其最终的管理职责仍然在组织自己这里。所以，GB/T 33173—2016/ISO 55001:2014对资产管理中的外包提出了相应的管理要求，其核心内容包括如下几个方面。

（1）组织可以要求外包服务提供商建立自己的资产管理体系，其资产管理体系的目标和要求与组织自身的资产管理体系的目标和要求保持一致。

（2）资产外包活动的管理必须成为组织资产管理的一部分并文件化。

（3）对外包的活动必须评估其风险。

（4）外包出去的过程和活动必须得到控制。

（5）明确外包过程和活动的范围与边界。

（6）明确组织自身与外包过程和活动的接口。

（7）明确组织及其外包服务商之间共享知识和信息的过程和范围。

（8）对外包活动进行监督。

（9）明确外包活动的绩效、服务水平及管理评审。

（10）所有权与知识产权的保护。

（11）交回外包活动的过程。

8.3.5　外包商的评价

对外包商的管理成熟度、工作质量与绩效成熟度进行定期评价。

8.3.6　X 地铁公司设备资产委外维修的模式

下面对 X 地铁公司设备资产委外维修的模式做简单介绍。

（1）地铁公司设备资产的基本情况。

X 地铁公司共有 10 条线投入运营，运营总里程达到 456 公里，186 个车站，共设有 20 个专业系统。这 20 个专业系统是车辆、信号、通信、AFC（自动售检票系统）、门禁、PIDS（乘客信息显示系统）、接触网、变电、线路、工建、主控、电力监控、车站监控、防灾报警系统、气体灭火、环控、电气、给排水、电扶梯及屏蔽门。设备总数多达 40 万台（套）。

（2）四种类型的委外维修。

为优化设备资产维修管理的模式，合理配置地铁设备资产维修管理的资源，发展自身的核心业务，地铁管理部门将部分设备资产的维修工作委外（外包给设备维修承包商）进行。

X 地铁公司四种类型（通用型、专长型、互补型、法规型）的委外维修如图 8-15 所示。

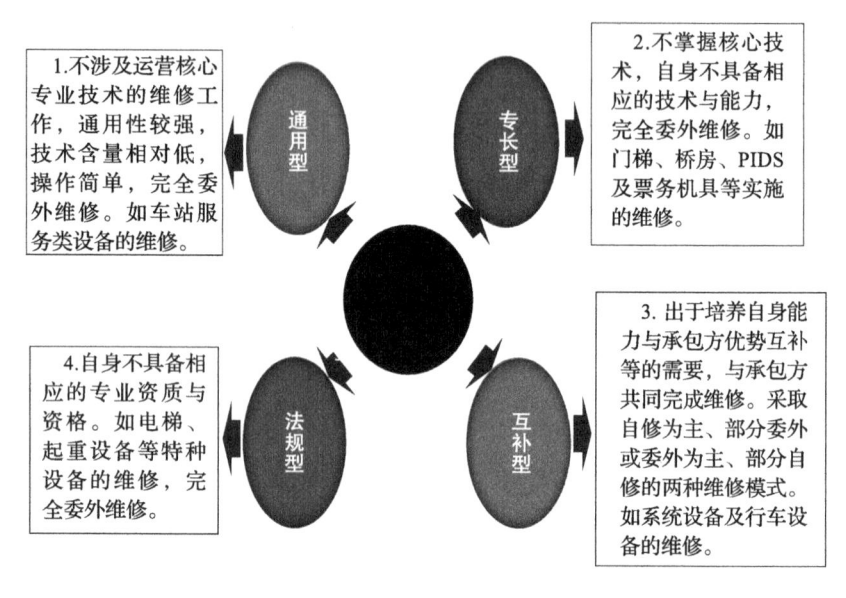

1.不涉及运营核心专业技术的维修工作,通用性较强,技术含量相对低,操作简单,完全委外维修。如车站服务类设备的维修。

2.不掌握核心技术,自身不具备相应的技术与能力,完全委外维修。如门梯、桥房、PIDS及票务机具等实施的维修。

4.自身不具备相应的专业资质与资格。如电梯、起重设备等特种设备的维修,完全委外维修。

3.出于培养自身能力与承包方优势互补等的需要,与承包方共同完成维修。采取自修为主、部分委外或委外为主、部分自修的两种维修模式。如系统设备及行车设备的维修。

图 8-15 委外维修的四种类型

（3）委外维修的模式。

在地铁涉及的 20 个专业系统（41 个专业）中，各专业的维修模式有四种。

1）完全自修。

2）自修为主，部分委外。

3）委外为主，部分自修。

4）完全委外。

2017 年这四种模式的比例统计如图 8-16 所示。

（4）X 地铁公司设备资产委外维修合同的主要内容。

1）承包方工作绩效的要求和标准。

2）服务水平。

3）对承包方表现好的激励措施，表现差的惩罚措施。

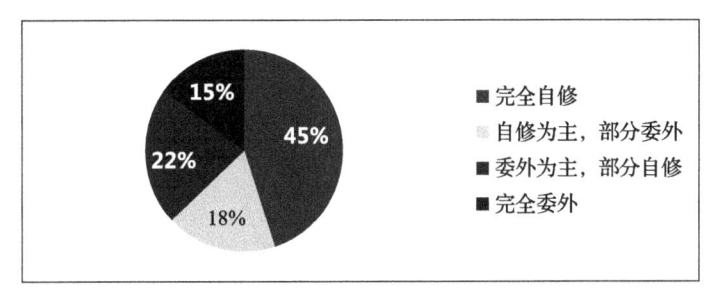

图 8-16 四种维修模式所占的百分比

4）承包期间的设备可利用率承诺。

5）保密约定。

6）工作场所的进出权限。

7）持续改善要求。

8）知识产权的所有权约定。

9）保险约定。

10）合同结束时业务交回的过程。

11）现场使用的工器具及辅助设备的所有权约定。

12）承包方员工的健康安全职责约定。

13）紧急情况的种类及响应要求。

14）紧急情况响应的方式约定。

15）紧急情况响应的时间要求。

16）紧急情况处理的费用承担约定。

17）对其他没有事先考虑到的情况的处理。

8.3.7　X 自来水公司资产的维修维护和外包

X 自来水公司资产的维修维护工作分成技术外包、劳务外包、自主维护及专业维修四大部分，2018 年统计得出的比例如图 8-17 所示。

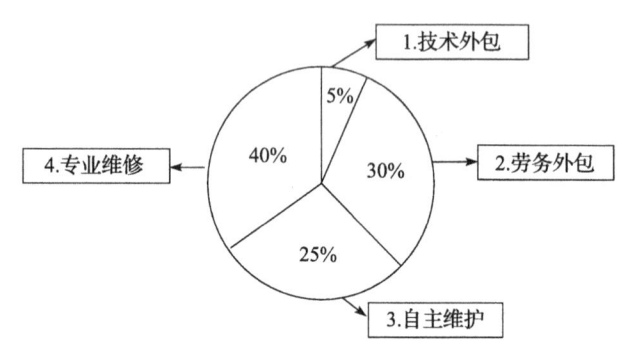

图 8-17　资产维护维修工作四大部分的占比

下面我们对图 8-17 所表达的含义进行解释。

（1）技术外包与劳务外包。

X 自来水公司在资产管理的外包中主要有技术外包与劳务外包两种。技术外包与劳务外包的对比如表 8-4 所示。

表 8-4　技术外包与劳务外包的对比

外包的种类	工作的特点	承担者	工作量占比	举例
技术外包	技术复杂，难度较高，故障发生的频率较低	外包商	5%	① 伺服控制器的维修，高压电动机的维修等；② 主泵等大型设备的大修；③ 自己无资质维修的设备，如电梯、锅炉等特种设备；④ 有明确约定必须由资产供应商来维修的
劳务外包	难度较低，技术含量较低，工作量较大	外包商	30%	① 水源库区的安保、绿化；② 管路的保温及防腐，食堂的经营管理；③ 厂房屋顶的防腐；④ 水池的定期清理和维护

图 8-18 所示的伺服控制器，由于技术含量较高，X 自来水公司实行技术外包，发生故障时聘请专业的公司负责维修。

图 8-18　伺服控制器

图 8-19 所示的屋顶防腐，由于技术含量较低，但是工作量较大，X 自来水公司实行劳务外包，外包给专业做防腐的公司来做。

图 8-19　屋顶防腐

图 8-20 所示的冷冻水管路保温与设备基座防腐工作也属于技术含量较低且工作量较大的工作，X 自来水公司实行劳务外包。

冷冻水管路保温层的维护更换，可以实行劳务外包

设备基座需进行防腐处理，可以实行劳务外包

图 8-20　冷冻水管路保温层与设备基座防腐

（2）自主维护与专业维护。

自主维护与专业维护是由 X 自来水公司自己负责的工作。把自主维护与专业维修进行对比，如表 8-5 所示。

表 8-5　自主维护与专业维修的对比

自己负责的工作	工作的特点	承担者	工作量占比	举例
自主维护	难度较低，工作量较大，经常是在现场要做的	资产的使用人员	25%	① 资产的清扫、点检、润滑、保养及调整等；② 小故障的处理
专业维修	难度较高，故障发生的频率不太高，或者是按计划进行的预防性维修工作	资产的专业维修人员	40%	① 日常发生故障的处理；② 按计划进行的预防性维修工作，如大修、中修、小修等

第九章

绩效评价

9.1 监视、测量、分析与评价

> GB/T 33173—2016/ISO 55001:2014 的要求如下。
> 9.1 监视、测量、分析与评价
> 组织应确定：
> a）需要监视和测量的内容；
> b）适用时，监视、测量、分析和评价的方法，以确保结果有效；
> c）何时执行监视和测量；
> d）何时分析和评价监视及测量结果。
> 组织应针对下述方面进行评价与报告：
> ——资产绩效；
> ——资产管理绩效，包括财务和非财务绩效；
> ——资产管理体系的有效性。
> 组织应就管理风险和机遇的过程的有效性进行评估与报告。

> 组织应保留适当的文件化信息作为监视、测量、分析和评价结果的证据。
>
> 组织应确保其监视和测量能使其满足 4.2 的要求。

没有度量就没有改善。资产组合、资产管理体系和资产管理的绩效评价是对组织进行改善的起点。组织应该建立相应的过程,对自身的资产组合、资产管理体系和资产管理活动进行定期的、系统性的监视、测量、分析与评价。

9.1.1 监视、测量、分析与评价之间的关系

监视、测量、分析与评价之间的关系可以用图 9-1 来予以说明。

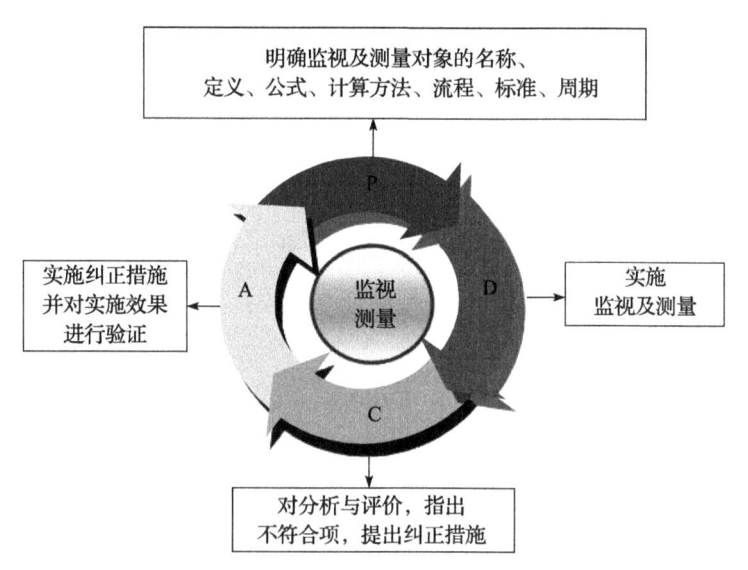

图 9-1 监视、测量的 PDCA 闭环

9.1.2 资产组合的绩效监测

资产组合的绩效监测，如对资产投资回报率及 OEE 等进行监视、测量、分析与评价。

9.1.3 资产管理体系的绩效监测

通过对资产管理体系的各项活动和过程进行绩效监测，可以了解体系运行的适宜性、充分性和有效性，比如对资产管理体系的如下方面进行监视、测量、分析与评价。

（1）方针目标的有效性。
（2）外包活动的绩效。
（3）应对风险与机遇措施的有效性。
（4）不符合的纠正措施的有效性。
（5）其他需要进行监测的内容。

资产管理体系的绩效监测一般作为资产管理体系管理评审的输入。

9.1.4 资产管理的绩效监测

监测资产管理的绩效应重点关注各项资产管理活动是否实现了预期的价值，是否为组织及相关方创造了期望的价值，比如对资产管理的如下方面进行监视、测量、分析与评价。

（1）对相关方承诺的兑现。
（2）对法律法规的遵守。
（3）组织目标与计划的实现。

（4）组织文化是否能够支持变革管理活动。

（5）其他需要进行监测的内容，如资产管理能力（资产管理成熟度）等。

资产管理的绩效监测一般作为资产管理决策的重要依据。

9.1.5 监视、测量、分析和评价举例

设备属于资产的一部分。我们以设备故障率为例来说明资产管理体系的监视、测量、分析和评价。

（1）监视、测量的内容。

设备故障率。

（2）监视、测量的时间。

每周一次。

（3）监视、测量的方法。

1）设备故障维修处理流程。

设备故障维修处理按"设备故障维修处理流程"进行，如图 9-2 所示。

2）设备每周故障率统计分析流程。

设备每周故障率统计分析按"设备每周故障率统计分析流程"进行，如图 9-3 所示。

（4）分析和评价。

1）分析和评价的时间。

每周一次。

2）设备每周故障率统计分析表。

设备每周故障率统计分析如表 9-1 所示。

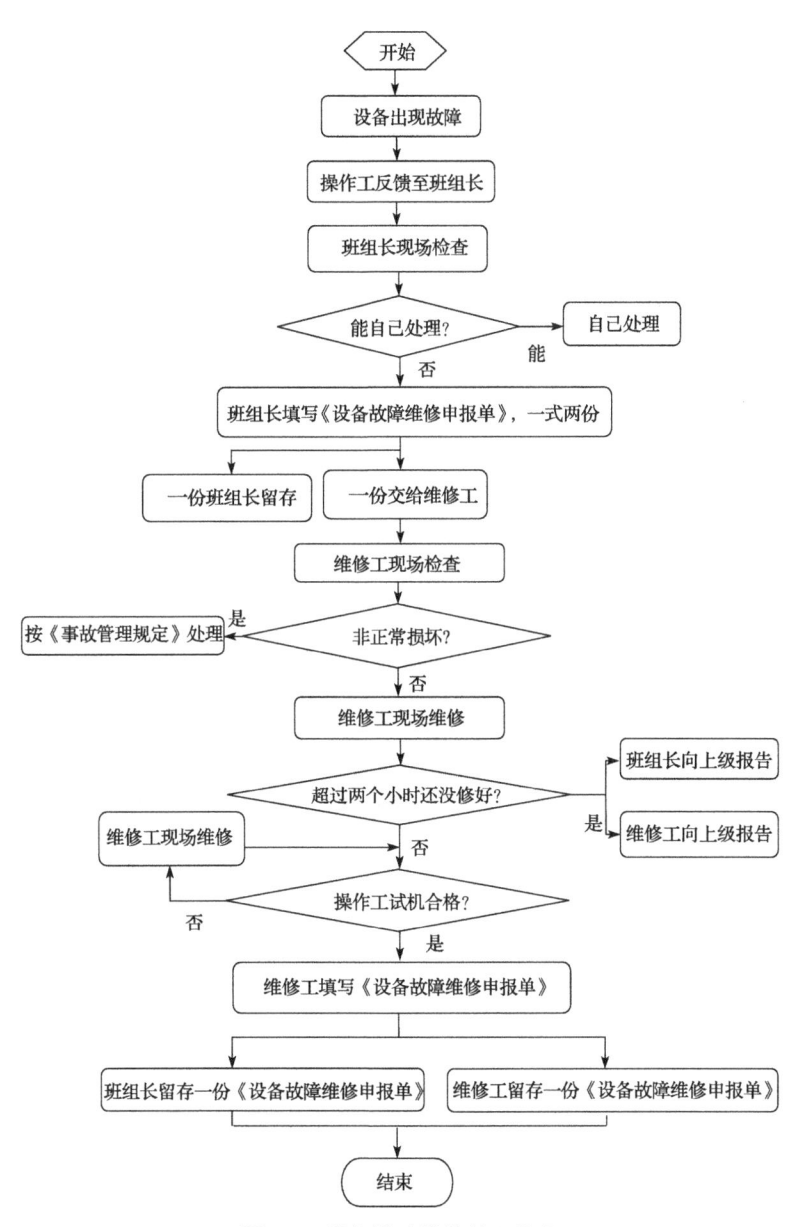

图 9-2 设备故障维修处理流程

```
                              ┌─────────┐
                              │  开始   │
                              └────┬────┘
                                   ↓
              ┌──────────────────────────────────────────┐
              │ 每周最后一天各班组将《设备故障维修申报单》报送计划员 │
              └──────────────────┬───────────────────────┘
                                 ↓
              ┌──────────────────────────────────────────┐
              │ 计划员将《设备故障维修申报单》中的"故障停机时间"数据累加 │
              └──────────────────┬───────────────────────┘
                                 ↓
              ┌────────────────────────────────────────────────┐
              │ 计划员将累加值填入《设备每周故障率统计分析表》中的"故障停机时间"栏里 │
              └──────────────────┬─────────────────────────────┘
                                 ↓
                         ┌──────────────┐
                         │ 计算出故障率 │
                         └──────┬───────┘
                                ↓        → ┌────────────────────────────┐
                                           │计划员将《设备故障维修申报单》│
                                           │       归还各班组           │
                                           └────────────────────────────┘
                    ┌────────────────────────┐
                    │ 将计算结果传给设备管理员 │
                    └───────────┬────────────┘
                                ↓
              ┌──────────────────────────────────────┐
              │ 每周周一设备管理员组织进行每周的故障率分析 │
              └──────────────────┬───────────────────┘
                                 ↓
                      ◇ 故障率在"故障率目标值"以下 ◇ ─是→ 继续监控故障率
                                 ↓否
              ┌────────────────────────────────────────────────┐
              │ 设备管理员分析原因，填写《纠正措施、预防措施报告》，│←─┐
              │        指出不符合项，提出纠正措施              │  │
              └──────────────────┬─────────────────────────────┘  │
                                 ↓                                 │
                         ┌──────────────┐                          │
                         │ 实施纠正措施 │                          │
                         └──────┬───────┘                          │
                                ↓                                  │
                       ◇ 达到预期效果 ◇ ─否─────────────────────────┘
                                ↓是
                         ┌──────────────┐
                         │ 做记录并存档 │
                         └──────┬───────┘
                                ↓
                         ┌──────────┐
                         │   结束   │
                         └──────────┘
```

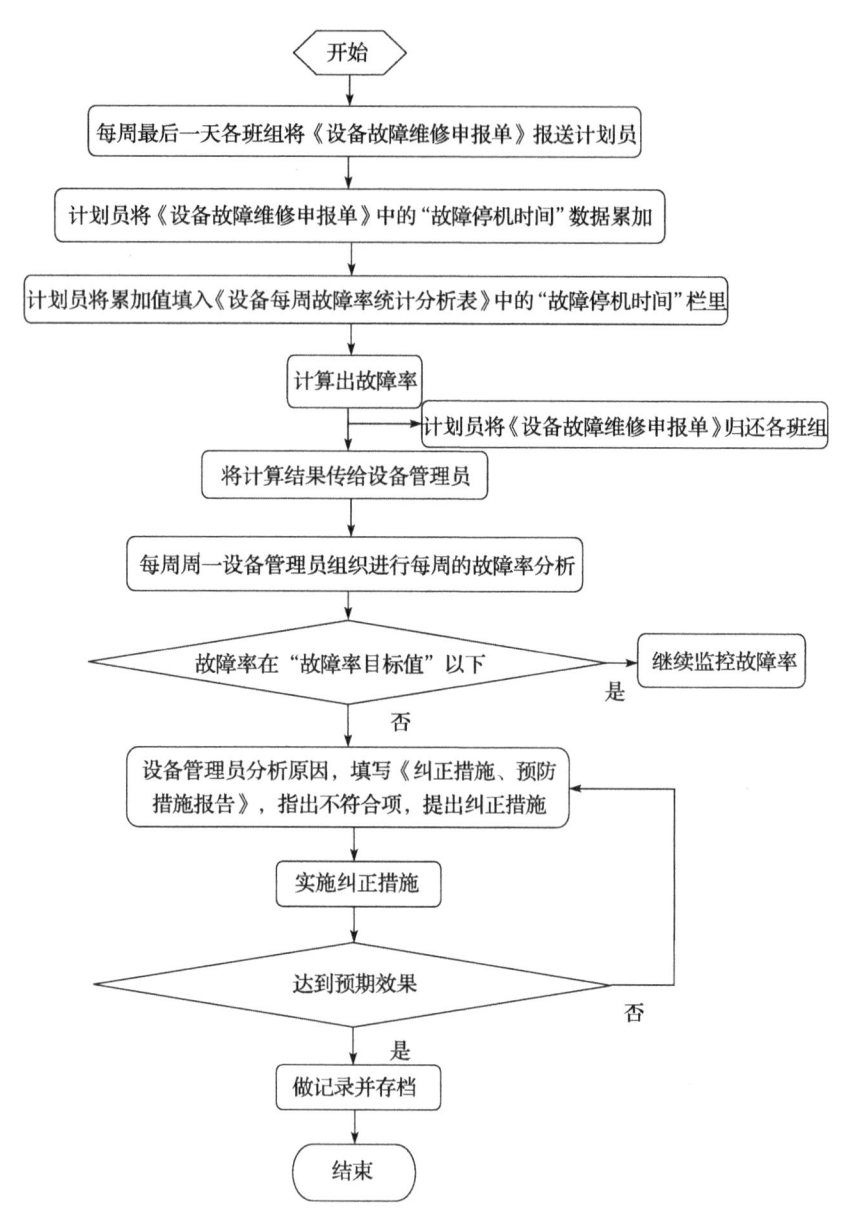

图 9-3　设备每周故障率统计分析流程

表 9-1 设备每周故障率统计分析表

周	W1	W2	W3	W4	W5	W6	W7	W8	W9	W10
故障停机时间（分钟）	50	30	20	10	0	0	70	100	—	—
每周的日历时间（分钟）	10080	10080	10080	10080	10080	10080	10080	10080	—	—
每周的节假日时间（分钟）	1440	1440	1440	1440	2880	1440	1440	—	—	—
设备开动时间（分钟）	8640	8640	8640	8640	7200	8640	8640	—	—	—
故障率（%）	0.58	0.35	0.23	0.00	0.00	0.81	1.16	—	—	—
故障率目标值（%）	0.80	0.80	0.80	0.80	0.80	0.80	0.80	—	—	—

备注：
① 设备开动时间。
② 每周的日历时间 = 每周的日历时间 - 每周的节假日时间。
③ 每周的日历时间 = 7 天 × 24 小时 × 60 分钟 / 小时 = 10080 分钟。
④ 每周节假日时间。
按实际的节假日时间计算，包含法定节假日、星期六及星期天等不开机生产的时间。
⑤ 故障率的计算公式
故障率 = 故障停机时间 ÷ 设备开动时间 × 100%。

3）设备每周故障率统计分析趋势图。

设备每周故障率统计分析趋势如图 9-4 所示。

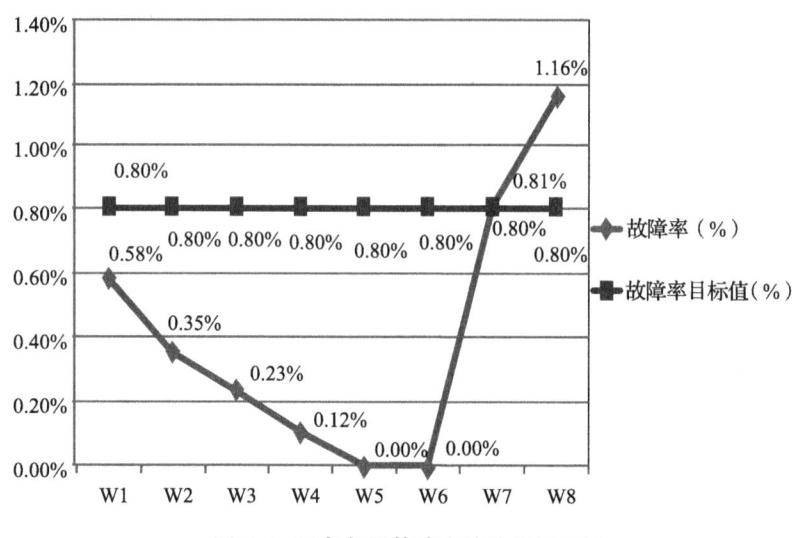

图 9-4 设备每周故障率统计分析趋势

4）分析和评价。

第 8 周（W8）故障率严重超过故障率目标值。原因是该机器 5 次因为同一种故障报警，每次经过维修可以短时间使用，但不久后又出现相同的故障报警。设备管理员分析出根本原因，填写《纠正措施、预防措施报告》，提出纠正措施并要求落地实施。

（5）实施纠正措施并确认效果。

将反复出现故障的部位进行改造，经设备员现场检查，证明纠正措施的有效。

9.1.6 内容或对象因组织而异

监视、测量、分析和评价的内容或对象因组织而异。不同的组织建立资产管理体系绩效评估的对象、方法和过程是不一样的,这要根据组织自己的方针、目标和业务需求来确定。一般组织会把自己的方针及目标指标等进行监视与测量,并结合风险、机遇定期作出评估报告,同时还会建立自己的监视、测量、分析和评价程序文件来规范工作的开展。

X企业需监视、测量的资产管理体系目标指标(部分)如表9-2所示。

表9-2 X企业需监视、测量的资产管理体系目标指标(部分)

指标名称	类别	不及格	及格	良好	优秀	卓越
OEE(设备综合效率)	资产绩效	<40%	40%～60%	61%～75%	76%～84%	>85%
资产利用率	资产绩效	<50%	50%～60%	61%～70%	71%～79%	>80%

X企业需监视、测量的资产管理体系目标指标的分析评价流程如图9-5所示。

9.1.7 保留证据

组织应保留适当的文件化信息作为监视、测量、分析和评价结果的证据。

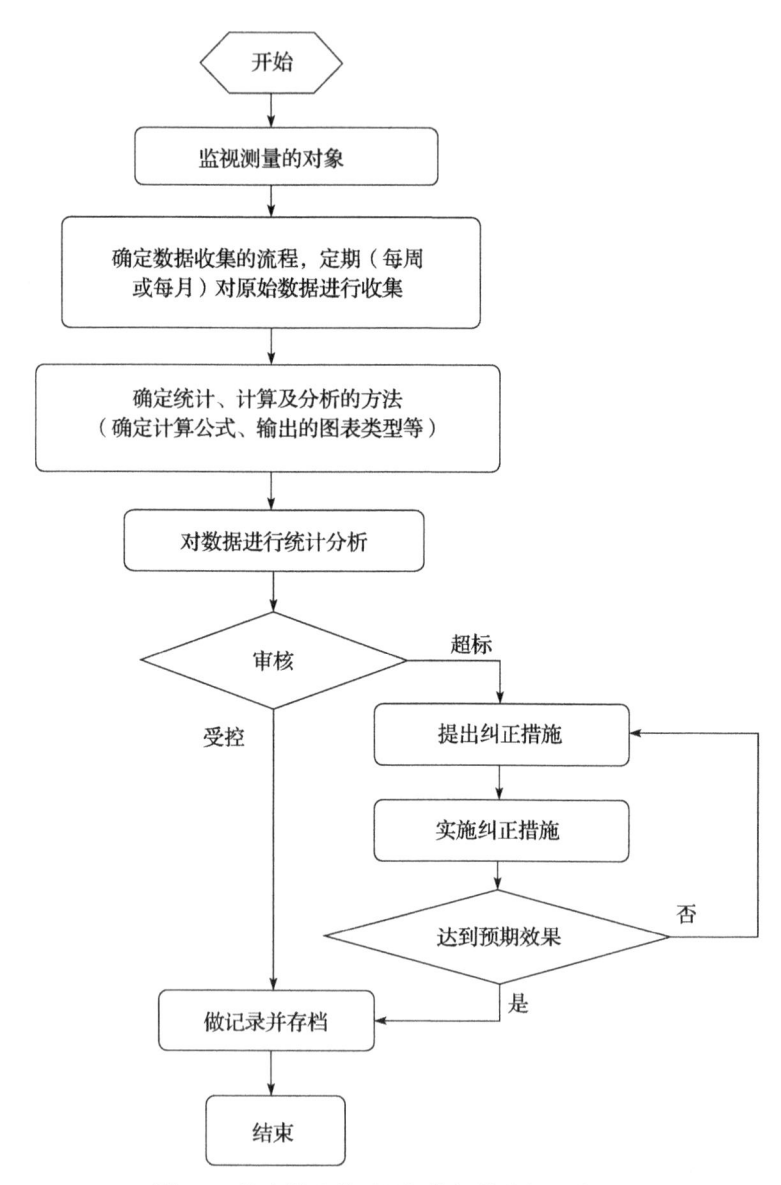

图 9-5 资产管理体系目标指标的分析评价流程

9.2 内部审核

> GB/T 33173—2016/ISO 55001:2014 的要求如下。
>
> 9.2 内部审核
>
> 9.2.1 组织应按策划的时间间隔进行内部审核，以提供信息来辅助确定资产管理体系是否满足以下要素：
>
> a) 符合组织自身对资产管理体系的要求；符合本标准的要求。
>
> b) 得到了有效地实施与保持。
>
> 9.2.2 组织应这样做：
>
> a) 策划、建立、实施和保持审核方案，包括频次、方法、职责、策划要求和报告等。审核方案应考虑到相关过程的重要性和以往的审核结果；
>
> b) 确定每次审核的准则和范围；
>
> c) 选择审核员和实施审核，以确保审核过程的客观性和公正性；
>
> d) 确保向相关的管理层汇报审核结果；
>
> e) 保留文件化信息作为审核方案实施的结果和审核结果的证据。

9.2.1 什么是内部审核

内部审核是指组织内部对组织运行的资产管理体系进行审核。内部审核的目的如图 9-6 所示。

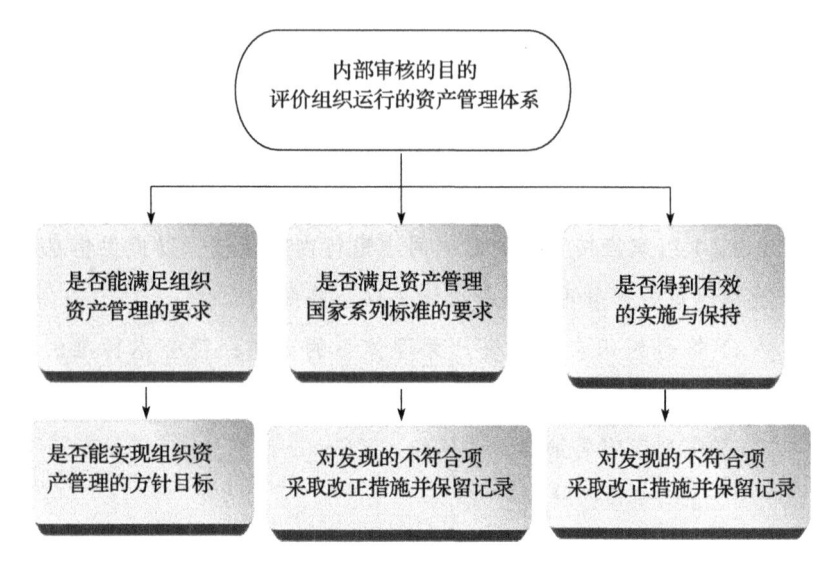

图 9-6　内部审核的目的

9.2.2　内部审核人员的资格

内部审核人员必须由经过内部审核员正规培训合格并经组织聘任的人员担任。为了确保审核的独立性与公正性，内部审核人员与被审核的部门必须没有利益关联。

9.2.3　内部审核流程举例

X 公司的内部审核流程如表 9-3 所示。

9.3　管理评审

> GB/T 33173—2016/ISO 55001:2014 的要求如下。

9.3 管理评审

最高管理者应按策划的时间间隔评审组织的资产管理体系，以确保其持续的适宜性、充分性和有效性。

管理评审应考虑以下几个方面。

a) 以往管理评审后所采取措施的状态；

b) 与资产管理体系相关的内部和外部事项的变更；

c) 资产管理绩效方面的信息，包括下述趋势：

——不符合和纠正措施；

——监视和测量结果；

——审核结果；

d) 资产管理活动；

e) 持续改进的机会；

f) 风险和机会方面的变更。

管理评审的输出应包括与持续改进机会有关的决策和对资产管理体系进行变更的任何需求（见8.2）。

组织应保留作为管理评审结果证据的文件化信息。

9.3.1　什么是管理评审

管理评审是组织的管理层对资产管理体系一个运行周期（通常为一年）的运行情况的全面评审活动，指明资产管理体系下一个运行周期的工作方向。管理评审在资产管理体系PDCA过程中起到承上启下的作用，其位置如图9-7所示。

表 9-3　X 公司的内部审核流程

流程	流程简述	责任人	批准人	表单名称
开始				
编制内部审核计划	编制内部审核计划并报批	资产管理部门负责人	总经理	《内部审核计划表》
成立内部审核小组指定组长及小组成员	明确内部审核小组的人员组成	资产管理部门负责人	总经理	《内部审核小组成员名单》
将内部审核计划发送到受审核的部门	提前一周向受审核的部门发送内部审核计划	内部审核组长	—	《内部审核计划表》
编制受审核部门的审核检查表	明确受审核部门将要审核的内容	内部审核组长及小组成员	—	《内部审核检查表》
召开首次会议	明确内部审核的目的、意义、工作计划及审核员分工等	内部审核组成员、总经理等	—	《会议签到及记录表》
现场进行审核	内部审核组长及小组成员通过听取汇报、查阅资料、现场察看及询问等方式对现场进行审核并做记录	内部审核组长及小组成员	—	《内部审核检查表》

续表

流程	流程简述	责任人	批准人	表单名称
编写审核报告，审核沟通	对审核发现的问题进行汇总，编写不符合项报告并给出改善建议，编写最终的审核报告，与受审部门沟通	内部审核小组成员及受审部门责任人	总经理	《纠正措施和预防措施报告》
召开末次会议	向受审核的部门报告审核的结果	内部审核组长、总经理等	—	《会议签到及记录表》
受审部门进行整改	受审部门对不符合项进行整改，采取预防措施防止再次发生	受审部门责任人	—	《纠正措施和预防措施报告》
整改完成是/否	审核员对整改的效果进行监督检查和确认	内部审核小组成员	—	《纠正措施和预防措施报告》
结果记录	将受审部门的整改结果作记录	内部审核小组成员及受审部门责任人	—	《纠正措施和预防措施报告》
编写内部审核总结报告	内部审核小组成员编制内部审核总结报告，领导审批后下发到受审部门，归档保存	内部审核小组成员	总经理	《内部审核总结报告》
结束				

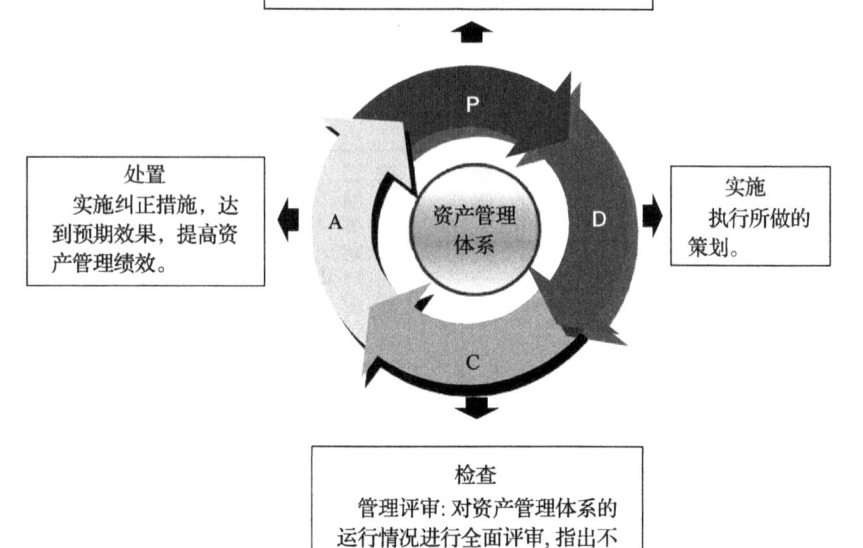

图 9-7　管理评审在资产管理体系 PDCA 过程中的位置

9.3.2　管理评审需要关注的 5 个方面

管理评审需要关注资产管理体系的 5 个方面：适宜性、充分性、有效性、改进机会及资源需求，如图 9-8 所示。

9.3.3　管理评审的输入与输出

（1）输入的内容。

资产管理体系管理评审时通常输入的内容如图 9-9 所示。

（2）输出的内容。

资产管理体系管理评审时通常输出的内容如图 9-10 所示。

```
                    管理评审
                  需要关注资产
                 管理体系的5个方面
   ┌──────────┬──────────┬──────────┬──────────┐
 适宜性      充分性      有效性     改进机会    资源需求
```

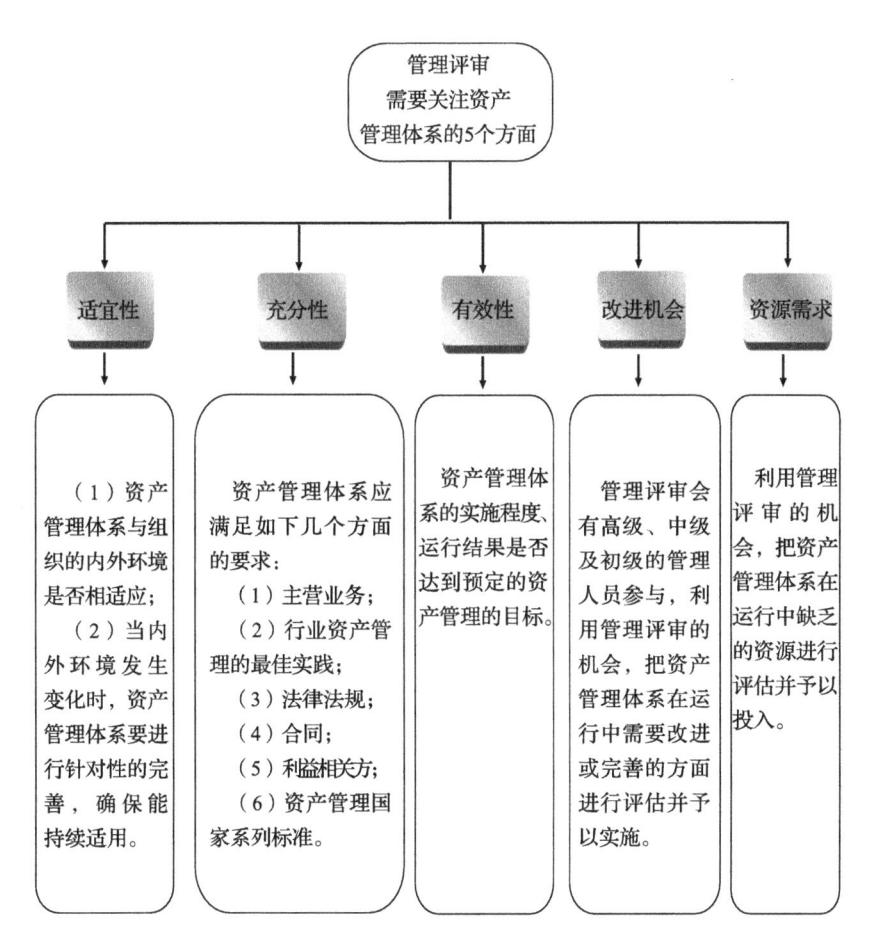

适宜性	充分性	有效性	改进机会	资源需求
（1）资产管理体系与组织的内外环境是否相适应；（2）当内外环境发生变化时，资产管理体系要进行针对性的完善，确保能持续适用。	资产管理体系应满足如下几个方面的要求：（1）主营业务；（2）行业资产管理的最佳实践；（3）法律法规；（4）合同；（5）利益相关方；（6）资产管理国家系列标准。	资产管理体系的实施程度、运行结果是否达到预定的资产管理的目标。	管理评审会有高级、中级及初级的管理人员参与，利用管理评审的机会，把资产管理体系在运行中需要改进或完善的方面进行评估并予以实施。	利用管理评审的机会，把资产管理体系在运行中缺乏的资源进行评估并予以投入。

图 9-8　管理评审需要关注资产管理体系的 5 个方面

输入的内容

1. 以往管理评审所发现的问题,所采取纠正措施的实施情况。

2. 与资产管理体系有关的内外部因素的变更:
(1) 环境(法律、法规及其他要求等)方面的变更,如环保执法较以往更趋于严厉,地方政府新实施的对企业机器换人的补贴政策等;
(2) 技术方面的变更,如企业采用生产经营过程信息化技术改造传统生产经营模式;
(3) 市场要求方面的变更,如企业上市融资成功,政府给予奖励资金的政策等。

3. 资产管理绩效方面的内容:
(1) 各部门的资产管理绩效指标(如OEE或ROA)的监视测量结果;
(2) 对不符合项的纠正措施的实施情况;
(3) 法律法规或其他要求的合规性评价结果;
(4) 在资产体系运行过程中,员工的投诉或合理化建议等。

4. 应对风险与机遇所采取的措施的有效性。

5. 其他可能影响资产管理体系的变化。

管理评审

图 9-9　管理评审时通常输入的内容

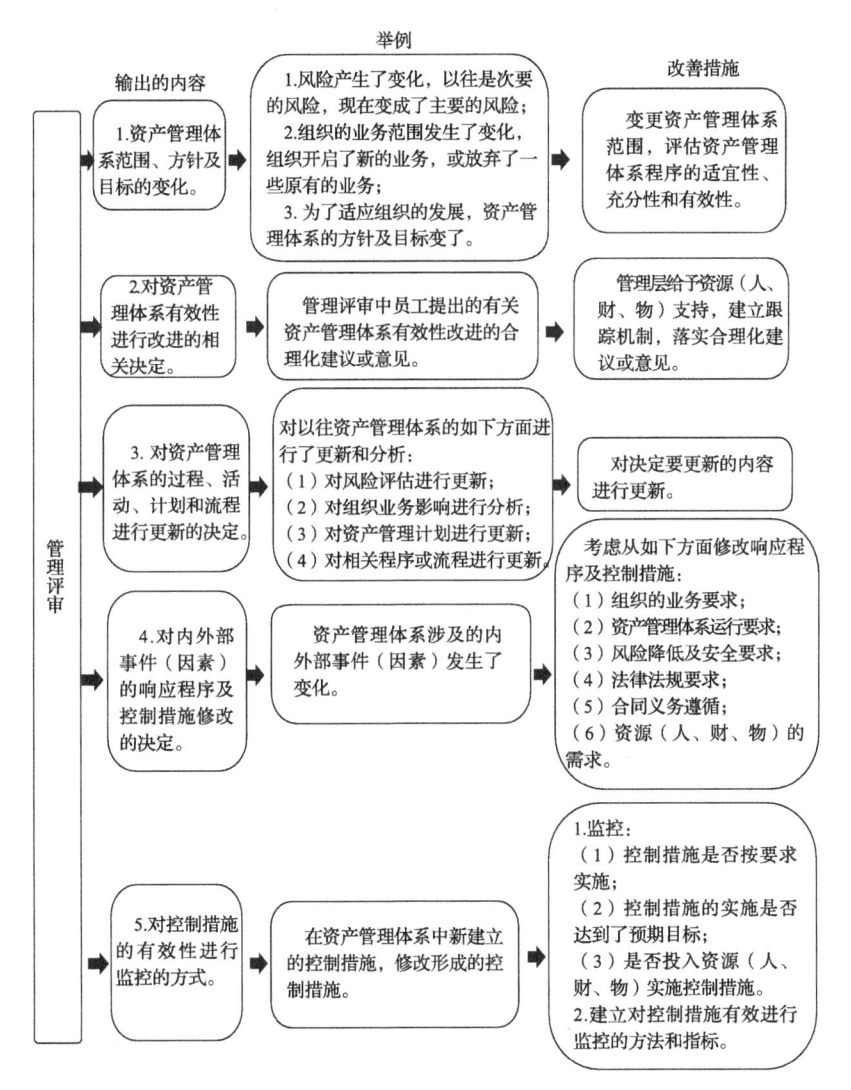

图 9-10 管理评审时通常输出的内容

9.3.4 管理评审的流程举例

X 公司的管理评审流程如表 9-4 所示。

表 9-4　X 公司的管理评审流程

流程	流程简述	责任人	批准人	表单名称
开始→发出管理评审通知，知会相关部门	①每年至少召开一次管理评审会议 ②成立由各部门经理参加的评审小组，资产管理部门负责人任组长	资产管理部门负责人	总经理	《管理评审通知》
制定管理评审计划	制订管理评审计划并报批	评审小组组长	总经理	《管理评审计划表》
将管理评审计划发送到各部门	提前两周向各部门发送管理评审计划	评审小组组长	—	《管理评审计划表》
准备管理评审输入报告	各部门编写自己的管理评审输入报告	各部门责任人	各部门经理	《管理评审输入报告》
召开会议进行管理评审	召集相关部门管理评审人员，召开管理评审会议	评审小组组长、总经理	总经理	《会议签到及记录表》
对各部门逐项评审	对各部门逐项评审并做评审记录	各部门经理	总经理	—

续表

流程	流程简述	责任人	批准人	表单名称
撰写管理评审输出报告	管理评审小组将在管理评审会议上讨论形成的结果，编写成管理评审输出报告。报告内要包含纠正措施和预防措施	各部门经理	—	《管理评审输出报告》
审批通过	管理评审输出报告审批	各部门经理	总经理	《管理评审输出报告》
管理评审结果反馈	将管理评审输出报告（报告内包含纠正措施、预防措施）发送到各部门	评审小组组长	—	《管理评审输出报告》
纠正措施、预防措施落地实施	在既定的时间内，各部门将纠正措施、预防措施落地实施	各部门经理	—	《纠正措施、预防措施实施计划表》
验证纠正措施、预防措施的实施效果	验证纠正措施、预防措施的实施效果	评审小组组长	—	《纠正措施、预防措施实施计划表》
达到效果	—	评审小组组长、各部门经理	—	—

续表

流程	流程简述	责任人	批准人	表单名称
管理评审资料汇总存档	管理评审资料是指管理评审通知、会议签到/会议记录、管理评审输入报告、管理评审输出报告、纠正措施、预防措施实施计划表等	评审小组组长、各部门经理	—	—
结束	—	—	—	—

第十章

改 进

10.1 不符合与纠正措施

> GB/T 33173—2016/ISO 55001:2014 的要求如下。
>
> 10.1 不符合和纠正措施
>
> 当组织的资产、资产管理或资产管理体系发生不符合或事件时，组织应这样做：
>
> a) 适用时，对不符合或事件作出反应：
>
> ——采取措施进行控制和纠正；
>
> ——处理后果；
>
> b) 评估消除不符合或事件原因的措施的必要性，以确保不符合或事件不再发生或不在他处再发生，包括评审不符合或事件；确定不符合或事件的原因；确定是否存在或可能发生类似的不符合；
>
> c) 实施所需的措施；
>
> d) 评审所采用的所有纠正措施的有效性；
>
> e) 必要时，对资产管理体系进行变更（见 8.2）。

> 纠正措施应与不符合或事件的后果相适应。
> 组织应保留文件化信息作为以下方面的证据：
> ——不符合或事件的性质和后续所采取的任何措施；
> ——所有纠正措施的结果。

10.1.1 不符合与纠正措施的定义

从 GB/T 33172—2016/ISO 55000:2014 中，我们把不符合与纠正措施这两个术语的定义的相关内容汇总在一起，如表 10-1 所示。

表 10-1 不符合与纠正措施的定义

标准	条款	术语	定义	备注
GB/T 33172—2016/ISO 55000:2014	3.1.11	不符合 Unconformity	未满足要求（3.1.20）。注：不符合可能是对资产管理体系（3.4.2）要求、相关工作标准、惯例、程序或法律要求等的任何偏离	—
GB/T 33172—2016/ISO 55000:2014	3.4.1	纠正措施 Corrective Action	为消除不符合（3.1.11）并防止再发生所采取的措施。注：当出现非预期结果时，有必要采取措施来减弱或消除其原因并降低其影响或防止再发生。根据本定义，此类措施并不属于"纠正措施"这个概念的范畴	对已经发生的不符合项，针对其根本原因采取措施，并防止或减少重复发生的可能性

10.1.2 不符合项的分析与调查简介

组织的资产、资产管理体系及资产管理可能发生不符合项，组织应建立程序，以便控制不符合项及控制不符合项的产生，使不符合项对组织及相关方的不利影响降到最低。

对不符合项的分析与调查如表 10-2 所示。

表 10-2 对不符合项的分析与调查

分析与调查的内容	分析与调查的侧重点	分析与调查的方法举例	备注
与资产相关的不符合项	根本原因分析	鱼骨图分析法及逻辑树分析法等	① 鱼骨图分析法是一种发现问题的根本原因的分析方法；② 逻辑树分析法是将问题的所有子问题分层罗列，从最高层开始，并逐步向下扩展，一直找到根本原因
与资产管理体系相关的不符合项	系统分析	管理疏忽与危险树（MORT）	管理疏忽与危险树（MORT）是一种用事先设计好的系统化的逻辑树确定整个系统风险，进行安全分析评价的方法
与资产管理相关的不符合项	人为失误和风险分析	人因失误率预测法（THERP）	中心内容是对人的可靠性进行定性与定量分析和评价，以分析、预测、减少与预防人的失误为目的

10.1.3 纠正措施的实施过程

组织应建立程序，用于实施纠正措施，以消除造成不符合项的根本原因，防止类似事情重复发生。在实施纠正措施之前要进行风险评估。

10.1.4 不符合项与纠正措施举例

（1）不符合项的举例。

这是一个在资产管理体系中存在不符合项，并针对不符合项采取纠正措施的例子。通过对 X 公司的现场评审，发现资产管理体系的不符合项（仅列举其中一项）如表 10-3 所示。

表 10-3　X 公司现场评审发现的一个不符合项

对应 GB/T 33173—2016/ ISO 55001:2014 的条款	文件名称或章节	不符合项
7.3	意识	现场抽查 10 名员工，没有人能清晰、明确地回答什么是公司的资产管理方针和方针的含义

（2）纠正措施举例。

对上述的不符合项采取纠正措施，详细情况如表 10-4 所示。

表 10-4　对不符合项采取纠正措施

不符合项	纠正措施	效果评估
现场抽查 10 名员工，没有人能清晰、明确地回答什么是公司的资产管理方针和方针的含义	① 组织所有的员工（包含那 10 名回答不出来的员工）集中进行资产管理方针及方针含义的培训并考核合格； ② 在公司的公共区域，建筑物的墙、柱等区域，张贴资产管理方针及方针含义的标语； ③ 订购印有资产管理方针及方针含义的小卡片，装入员工随身携带的工作证卡套中，方便员工随时学习； ④ 在新员工的入厂培训考核中加入资产管理方针及方针含义的内容	对四项纠正措施经过半年的实行，再次抽查 10 名员工，员工基本能回答出资产管理方针及方针的含义，证明纠正措施是有效的

10.1.5　X 公司不符合项的处理流程

下面是 X 公司对不符合项的处理流程实例，如表 10-5 所示。

表 10-5　X 公司对不符合项的处理流程

流程	流程简述	责任人	批准人	表单名称
开始	不符合项来自 6 个方面： ①方针目标的评审活动； ②资产管理的监视、测量、分析及评价活动； ③内部、外部审核活动； ④管理评审； ⑤资产管理体系运行当中发现或提出的； ⑥潜在的不符合项	公司各部门经理	资产管理部门负责人	《纠正措施和预防措施报告》
提出不符合项 对不符合项进行评估	从影响大小、风险、成本、改善后的效果等方面评估不符合项	公司各部门经理	资产管理部门负责人	《纠正措施和预防措施报告》
原因分析	对经过评估确实要采取措施的改善机会进行原因分析	公司各部门经理	资产管理部门负责人	《纠正措施和预防措施报告》
根本原因 否	找出根本原因	公司各部门经理	资产管理部门负责人	—
是 制定纠正措施、预防措施	①对已经出现的不符合项制订纠正措施； ②对潜在的不符合项制订预防措施	公司各部门经理	资产管理部门负责人	《纠正措施和预防措施报告》

续表

流程	流程简述	责任人	批准人	表单名称
实施纠正措施、预防措施	实施纠正措施、预防措施	公司各部门经理	资产管理部门负责人	《纠正措施和预防措施报告》
效果确认	确认纠正措施、预防措施的实施效果	公司各部门经理	资产管理部门负责人	《纠正措施和预防措施报告》
达到预期效果 否/是	—	—	—	—
保持效果并推广	保持改善的效果，对有推广价值的改善措施进行推广	公司各部门经理	资产管理部门负责人	《纠正措施和预防措施报告》
结果记录资料归档	各部门对结果进行记录，对相关资料归档保存	公司各部门经理	资产管理部门负责人	《纠正措施和预防措施报告》
结束	—	—	—	—

10.2 预防措施

> GB/T 33173—2016/ISO 55001:2014 的要求如下。
> 10.2 预防措施
> 组织应建立过程，以主动识别资产绩效中的潜在问题并评估采取预防措施的需求。
> 当潜在问题得到识别时，组织应采用 10.1 的要求。

组织应建立、实施及维持预防措施的管理过程和程序，识别资产组合、资产管理体系及资产管理潜在的不符合项或潜在的其他不期望的情况，在经过风险评估之后，采取预防措施。

10.2.1 预防措施的定义

GB/T 33172—2016/ISO 55000:2014 中有关预防措施这个术语的内容，如表 10-6 所示。

表 10-6 预防措施的定义

标准	条款	术语	术语的定义	备注
GB/T 33172—2016/ISO 55000:2014	3.3.4	预防措施 Preventive Action	为消除潜在不符合（3.1.11）或其他潜在不期望情况的原因所采取的措施。 注1：该定义仅限于资产管理（3.3.1） 注2：一个潜在不符合（3.1.11）可有若干个原因。 注3：采取预防措施是为了防止不符合发生并维持资产（3.2.1）的功能，而采取纠正措施（3.4.1）是为了防止不符合再次发生。 注4：通常在资产的功能可正常运转时或在功能故障发生之前实施预防措施。 注5：预防措施包括补充功能性要求（3.1.20）所需的消耗品。 注6：改写 ISO9000:2005，定义 3.6.4	对潜在的不符合项或其他潜在不期望的情况采取措施，属于主动预防

10.2.2 预防措施举例

这是一个在设备操作工作中存在潜在的不符合项，并针对潜在的不符合项采取预防措施的例子。X 公司通过对生产现场进行不符合项分析，主动识别出来一个潜在的不符合项。这个潜在的不符合项及该公司对它采取预防措施的情况如表 10-7 所示。

表 10-7 潜在的不符合项及预防措施

过程	潜在的不符合项	可能的原因	对奶粉质量安全可能产生的影响	风险评价 S	风险评价 P	风险评价 D	RPN	风险水平	预防措施
设备操作	阀门开度不在工艺文件要求的范围之内	多人操作	存在染菌风险	2	1	3	6	低	阀门开度位置的调节由专人负责，开度设置完成后，上锁并由专人保管钥匙

在表 10-7 中，"RPN"代表风险，"S"代表严重程度，"P"代表可能性，"D"代表可检测性。风险 RPN = S × P × D。详细内容请参考 FMEA（失效模式效果分析）的相关资料。

10.2.3 预防措施流程举例

X 公司对潜在的不符合项采取预防措施，其流程如表 10-8 所示。

表 10-8 X 公司对潜在的不符合项采取预防措施的流程

流程	流程简述	责任人	批准人	表单名称
开始				
识别潜在的不符合项	① 使用 FMEA（失效模式效果分析）等方法分析出潜在的不符合项； ② 周期是一年一次	公司各部门经理	资产管理部门负责人	《纠正措施和预防措施报告》
评估潜在的不符合项	从影响大小、成本、改善后的效果等方面评估潜在的不符合项	公司各部门经理	资产管理部门负责人	《纠正措施和预防措施报告》
原因分析	对经过评估确实要采取措施的潜在的不符合项进行原因分析	公司各部门经理	资产管理部门负责人	《纠正措施和预防措施报告》
根本原因	找出根本原因	公司各部门经理	资产管理部门负责人	—
制定预防措施	对潜在的不符合项制订预防措施	公司各部门经理	资产管理部门负责人	《纠正措施和预防措施报告》

续表

流程	流程简述	责任人	批准人	表单名称
实施预防措施	实施预防措施	公司各部门经理	资产管理部门负责人	《纠正措施和预防措施报告》
效果确认	确认预防措施的实施效果	公司各部门经理	资产管理部门负责人	《纠正措施和预防措施报告》
达到预期	—	—	—	—
保持效果并推广	保持改善的效果，对有推广价值的改善措施进行推广	公司各部门经理	资产管理部门负责人	《纠正措施和预防措施报告》
结果记录资料归档	各部门对结果进行记录，对相关资料归档保存	公司各部门经理	资产管理部门负责人	《纠正措施和预防措施报告》
结束	—	—	—	—

10.3 持续改进

> GB/T 33173—2016/ISO 55001:2014 的要求如下。
> 10.3 持续改进
> 组织应持续改进资产管理和资产管理体系的适宜性、充分性和有效性。

组织应建立、实施和维持持续改进的过程和程序，对资产组合、资产管理体系及资产管理进行持续改进。持续改进的最终目标是实现组织目标。

10.3.1 持续改进的定义

在 GB/T 33172—2016/ISO 55000:2014 中有关持续改进这个术语的内容如表 10-9 所示。

表 10-9 持续改进的定义

标准	条款	术语	术语的定义	备注
GB/T 33172—2016/ISO 55000:2014	3.1.5	持续改进 Continual Improvement	增强绩效（3.1.17）的循环活动	其目的是提高资产管理绩效

10.3.2 持续改进的 PDCA 循环

持续改进的 PDCA 循环如下图所示。

```
           P——识别并评估改进机会
（1）识别改进机会：
  1）对方针目标进行评审，发现不符合项；
  2）进行资产管理的监视、测量、分析及评价活动，发现不符合项；
  3）进行内部、外部审核活动，发现不符合项；
  4）进行管理评审，发现不符合项；
  5）资产管理体系在运行当中，发现的或提出的不符合项；
  6）通过采用FMEA等方法进行分析，识别出潜在的不符合项。
（2）评估改进机：
  从影响大小、成本、改善后的效果等方面评估改进机会。
```

A——改进效果评估		D——落实改进措施
对改进措施的实施效果进行评估，对结果予以记录存档，有推广价值的进行推广。	持续改进 (PDCA)	对经过评估确实要采取措施的改进机会，落实改进措施。

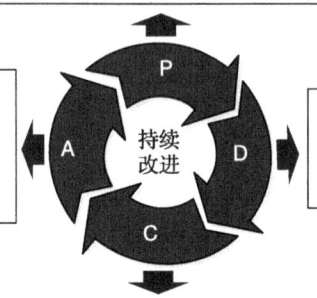

```
          C——检查改进措施
      监督、检查改进措施的落实情况。
```

图　持续改进的 PDCA 循环

03

第三篇

资产管理的基础

第十一章
资产管理的基础

GB/T 33172—2016/ISO 55000:2014 在"2.4.2 基础"中提到资产管理基于4个基础，即价值、统一性、领导力及保证。GB/T 33172—2016/ISO 55000:2014 的"2.4.2 基础"的内容如下。

> GB/T 33172—2016/ISO 55000:2014 的"2.4.2 基础"。
> 2.4.2 基础
> 资产管理基于如下基础。
> 1）价值：资产存在是为组织及其相关方提供价值。
> 资产管理关注资产为组织提供的价值，而不仅是关注资产本身。价值（无论有形或无形、财务或非财务）将由组织及其相关方根据组织目标确定。
> 这包括以下内容：
> a）对协调资产管理目标与组织目标的方式进行明确的描述；
> b）使用寿命周期管理的方法实现资产的价值；
> c）建立反映相关方需求并确定价值的决策过程。
> 2）统一性：资产管理可将组织目标转化为技术和财务方面的决策、策划和活动。
> 资产管理决策（包括技术、财务和运行）共同使实现组织目标成为可能。

这包括以下内容：

a）实施基于风险的、信息驱动的、规划的、决策的过程和活动，将组织目标转化为资产管理计划（见 2.5.3.4）；

b）将资产管理过程与组织的职能管理过程（例如财务、人力资源、信息系统、物流和运行等）进行融合；

c）支持性资产管理体系的规范、设计与实施。

3）领导力：领导力与职场文化是实现价值的决定因素。

各管理层级的领导力与承诺对于组织成功地建立、运行和改进资产管理是至关重要的。

这包括以下内容：

a）明确定义的角色、职责和权限；

b）确保员工具备相应的意识、能力和授权；

c）与员工及相关方就资产管理方面进行协商。

4）保证：资产管理为资产实现预期目标提供保证。

其需求源自组织的有效管理需要，适用于资产、资产管理和资产管理体系。

这包括以下内容：

a）建立和实施将资产所需的目标和绩效与组织目标相关联的过程；

b）实施在全寿命周期的所有阶段进行能力保证的过程；

c）实施用于监视和持续改进的过程；

d）通过开展资产管理活动及运行资产管理体系，提供必要资源和有能力的人员以证实保证。

有关价值、统一性和保证的内容，我们将在《第十二章　价值》《第十三章　统一性》《第十四章　保证》中分别予以讨论。有关领导力的内容，请参见《第五章　领导力》。

第十二章

价　值

12.1　资产存在是为组织及其相关方提供价值

资产为组织及其相关方提供价值的过程，就是满足组织及其相关方的需求与期望的过程，就是实现资产管理目标的过程，也是实现组织目标的过程。

12.1.1　对价值的理解

ISO 55000 系列标准所指的价值可以从如下几个方面来理解。

（1）价值创造。

使用寿命周期管理的方法实现资产的价值。开展资产寿命周期的管理活动，考虑成本与风险，满足组织及其相关方的各种需求，使资产创造价值。

（2）资产本身的价值。

资产本身的价值指的是如果出售的话资产本身的估价。

（3）价值观。

价值观是指导组织中人的行为准则。通过建立和实施资产管理体系，通过开展资产管理活动，形成组织的资产管理文化（组织文化），作为组织成员思想和行为的导向，增强组织的向心力与凝聚力，作为组织整体价值的取向，作为组织经营管理的导向。

理解了 ISO 55000 系列标准所指的价值的含义，就会明白为什么在推行 ISO 55000 系列标准时要开展一系列的资产管理活动，从而使组织的资产本身能保值、增值，使组织的资产为组织及其相关方创造价值，并要在成本与风险之间保持平衡，使组织形成资产管理文化（组织文化），这些都是良好资产管理的重要部分。

12.1.2 资产提供价值的类型不同

GB/T 33174—2016/ISO 55002:2014 在 "4.2 理解相关方的需求与期望"中提到，组织及其相关方的需求与期望是多种多样的，有些甚至是相互矛盾的，组织要尽最大可能去满足他们。

由于组织及其相关方的需求各不相同，要求资产提供价值的类型也会不同，或者说组织及其相关方对价值的诉求也会不同，举例如下表所示。

表 组织及其相关方对价值的诉求各不相同

组织及其相关方	价值诉求
客户	交货及时，产品性价比高，产品使用的体验好，有好的售后服务。花了钱，物有所值
股东	达到预期的财务投资回报，如股权增加，股息收益增加
监管机构（政府）	确保职业健康和安全事故减少，对环境无害
组织的财务经理及会计师	资产本身的价值贬值少，可变现能力强

续表

组织及其相关方	价值诉求
普通员工	合理的薪水，安全、舒适的工作环境，融洽的工作氛围
维修工	资产的可靠性高

对公共服务机构，如图书馆，一般由地方政府税收支持，图书馆资产给公众提供的价值类型表现为免费的读书借阅或讲座，舒适的读书环境等。

对国防，一般由国家税收支持，国防资产对公众提供的价值类型表现为安全感增强、社会稳定及人民安居乐业等。

资产管理满足组织及其相关方不同需求与期望的过程，也就是为组织及其相关方提供价值的过程。

12.2 如何使资产为组织及相关方创造价值

12.2.1 资产为组织及相关方最大化地创造价值的模型——APMV 模型

我们在指导组织建立资产管理体系、通过提升资产管理水平为组织创造价值的实践当中，提炼出使资产为组织及相关方最大化地创造价值的模型——APMV 模型，如图 12-1 所示。

"资产为组织及相关方最大化地创造价值"翻译成英文是"Assets Provide Maximum Value to the Organization and Its Stakeholders"，取英文翻译的前 4 个英文单词"Assets Provide Maximum Value"的首字母"APMV"作为"资产为组织及相关方最大化地创造价

· 161 ·

值"的英文缩写。所以我们把"资产为组织及相关方最大化地创造价值模型"简称为"APMV 模型"。

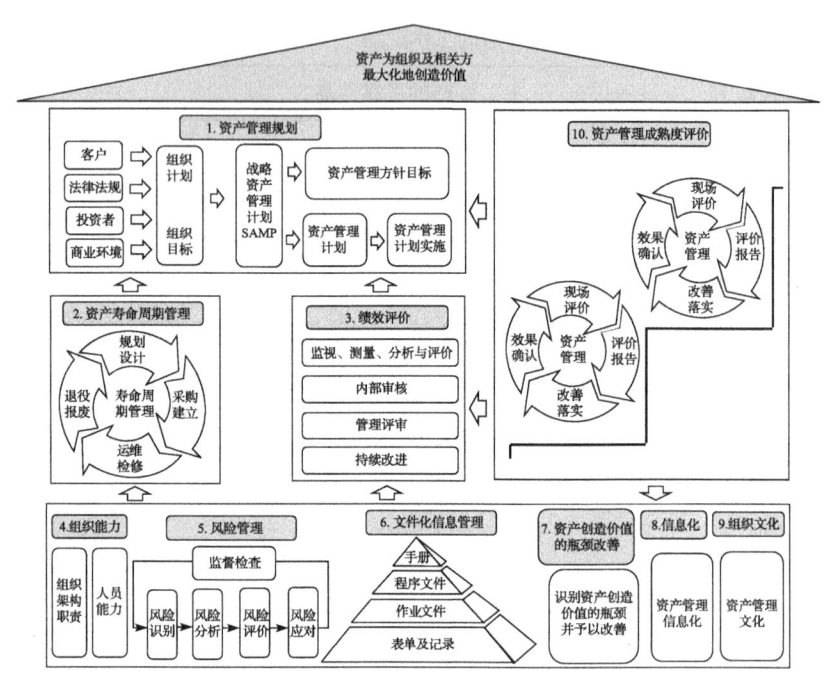

图 12-1 资产为组织及相关方最大化地创造价值模型——APMV 模型

图 12-2 是 APMV 模型的简图。

资产为组织及相关方最大化地创造价值的模型，是资产为组织及相关方最大化地创造价值的理论逻辑与实施路径。

12.2.2 关注资产本身的价值

对于已购买或建成的固定资产，应该保持它的功能、性能及完好，最大化地发挥其应有的效能。例如在设备密集型企业，对设备从规划、选型、购置、安装、调试、使用、维护、修理、技改及报废的整个寿命周期进行全过程的管理，维持设备的功能、精度及完好，使设备寿命周期成本最低。同时，通过加强对人、机、料、法、环（或测量）的管理，使设备综合效率达到最高。

```
          资产为组织及相关方
          最大化地创造价值

  1.资产管理规划         10.资产管理成熟度评价
  2.资产寿命周期管理  3.绩效评价

  4.组织能力       5.风险管理       6.文件化信息管理
  7.资产创造价值的瓶颈改善  8.信息化  9.组织文化
```

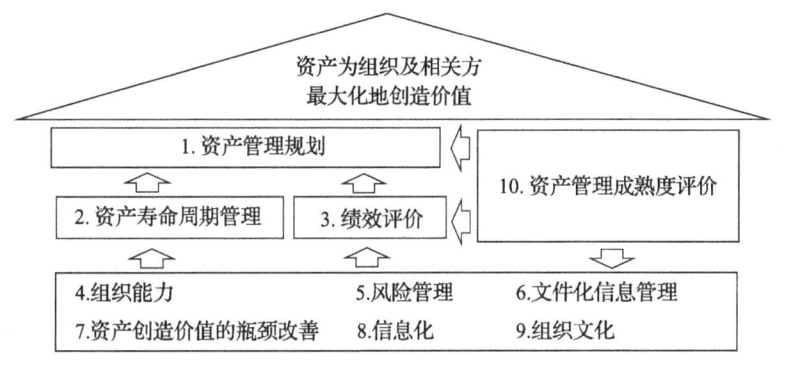

图 12-2　APMV 模型的简图

12.2.3　为核心能力及主营业务（产品）服务

组织一般都有自己的核心能力及主营业务（产品），只有理解了组织的核心能力与主营业务（产品），在建立资产管理体系时，使资产的管理与配置为组织的核心能力及主营业务（产品）服务，使组织在运营方面取得成绩，这样的话，才能够真正把组织资产的价值发挥到最大。

下面是广东省的 X 家电企业为了适应企业转型升级、打造核心竞争能力及主营业务（产品）的需要，进行资产重新配置的例子。

2013 年，受到国内外市场需求下滑的影响，X 家电企业的销售额大幅度下降，产品库存严重积压，企业开工率不足 40%。为了彻底扭转企业的劣势，该企业在 2013 年至 2018 年的 5 年期间进行转型升级。过去是依赖投资驱动、大规模及低成本的粗放式商业模式，现在 X 家电企业转型为依赖产品创新和技术创新的竞争能力，重新打造自己的核心竞争能力及主营业务（产品）。

在转型升级的过程中，X 家电企业缩减消费者需求低的低端产品，将原来的两万多个产品品种削减为两千多个。

在转型升级的过程中，X 家电企业对资产进行重新配置，满足核心竞争能力及主营业务（产品）打造的需求。X 家电企业缩减土地及厂房等固定资产，向政府退回八千多亩用于扩产的土地，在全国关闭 17 个工业园区。X 家电企业成立创新中心，将大量的资金投入到主营业务（产品）的创新研发当中。5 年间，该企业投资上百亿元，用于增加各种研发硬件、软件、研发技术及研发人才。

2018 年 8 月，该企业发布公告，上半年实现营业收入一千多亿元，利润 126 亿元，预计全年营业收入将超过两千多亿，获得了非常好的经济效益。转型升级成功使该企业涅槃重生。

总之，资产管理要服务于组织打造核心能力及主营业务（产品）的需求，以此来做资产的配置。

12.2.4 为改善组织创造价值的瓶颈服务

组织经营的宗旨就是创造价值，在为客户创造价值的同时也为自己创造价值。在组织创造价值的过程中，我们在进行资产管理时要识别出组织在一定时期内创造价值的瓶颈，针对瓶颈改善来做资产的管理与配置服务，增加组织的总资产报酬率（英文缩写 ROA，ROA=Return on Total Assets）。

我们以制造业企业为例来说明资产管理如何为改善组织创造价值的瓶颈提供服务，同时提高 ROA。

一般制造业企业的运营主流程如图 12-3 所示。

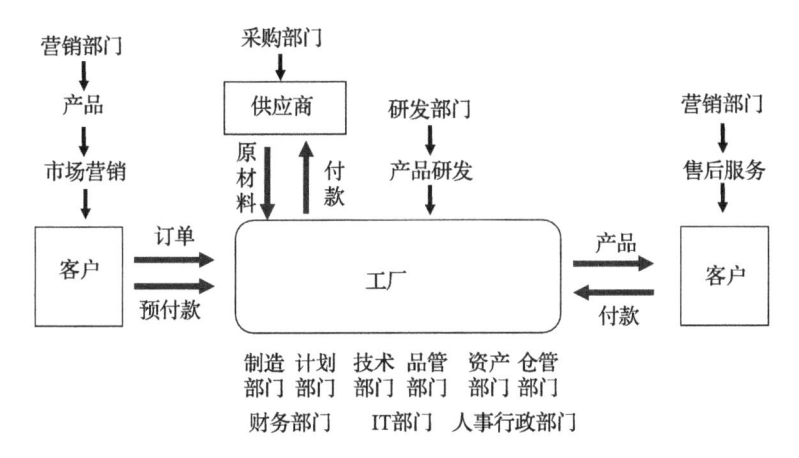

```
营销部门        采购部门              营销部门
  ↓             ↓                    ↓
 产品         供应商    研发部门      售后服务
  ↓         原 ↑ 付    产品研发       ↑
市场营销    材 ↓ 款       ↓
  订单      料                产品
客户  →      →   工厂    →     客户
  ← 预付款    ←           ← 付款

         制造 计划 技术 品管 资产 仓管
         部门 部门 部门 部门 部门 部门
         财务部门   IT部门   人事行政部门
```

图 12-3 制造业企业运营主流程

实际上，制造业企业可以简单分成五大块。

（1）市场营销。

（2）产品研发。

（3）原材料供应。

（4）产品制造。

产品制造管理的六大因素是 PQCDSM。P（英文 Productivity 的缩写）指生产效率；Q（英文 Quality 的缩写）指产品品质；C（英文 Cost 的缩写）指制造成本；D（英文 Delivery 的缩写）指交期，即产品生产过程中时间的管理与控制；S（英文 Safety 的缩写）指安全生产；M（英文 Morale 的缩写）指员工士气，即对人员的管理。

产品制造管理无论采用什么样的方法、手段与措施，其目标无外乎就是提高生产效率，提高产品品质，降低制造成本，按约定的交期准时交货，保障安全及提升员工士气。

（5）售后服务。

我们在进行资产管理时，在制造业企业的五大块当中，在市场营销、产品研发、原材料供应、PQCDSM 及售后服务的诸多因素当中，到底哪个因素是企业当前盈利的制约因素（瓶颈），我们要识别出来，针对改善这个瓶颈来做资产的管理与配置，提高组织的盈利能力，提升组织的 ROA。

如果企业在产品研发方面遭遇瓶颈，那么就要提升研发方面的资产管理与配置服务。如果市场营销方面是瓶颈，那么就要在市场营销方面提供相应的资产管理服务，改善市场营销，通过获得附加值较高的产品订单及充足的订单量，减少或消除因订单不足而导致资产（含设备）的闲置。如果生产设备是目前制约企业盈利的瓶颈，采取的措施可以是增加设备，也可以是对已有设备实施"零故障"管理，提升 OEE，开展设备寿命周期成本最低管理，提高设备维修管理人员的能力。

12.2.5 创造价值瓶颈的改善案例

下面介绍 X 车业有限公司是如何突破销售增长的瓶颈，减少资产（含设备）的闲置，保持行业最好的利润率，提升 ROA。

（1）X 公司简介。

X 公司的主要业务包括两方面。一是四轮电动车、场内专用车、三轮摩托车、电动自行车、电动摩托车及配件的研发、制造与销售；二是电动汽车的销售、出口及售后服务。

2017 年，X 公司的销售收入严重下滑，员工经常因为公司没有订单而放假，公司资产（含设备）的闲置情况很严重，企业盈利状况差。

一般获利良好的企业在开源与节流两个方面都做得比较好。企业开源与节流的关系可以用图 12-4 来说明。

开源与节流好比是企业的两条腿，企业要想增加整体利润，两条腿都必须要健康。在 2017 年，产品销售（销售增长）是 X 公司的瓶颈。

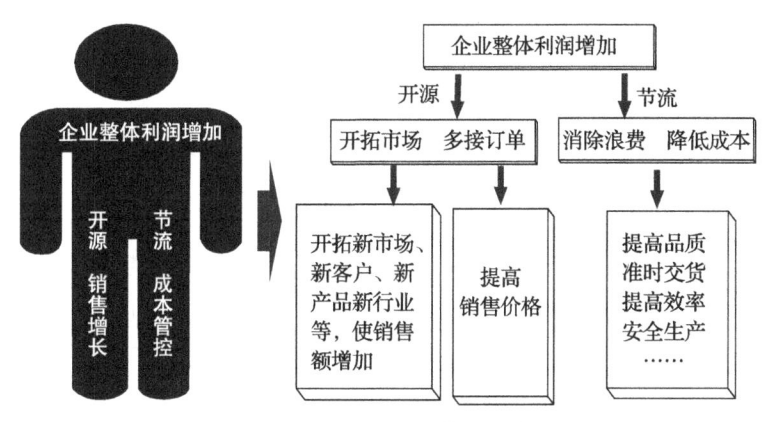

图 12-4　企业开源与节流的关系

（2）打造"三竞争力"模型，突破销售瓶颈。

X 公司通过打造营销的"三竞争力"模型，突破了销售增长的瓶颈，获得丰厚盈利并使 ROA 大幅增长。

营销的"三竞争力"是指品牌竞争力、产品竞争力及渠道竞争力。"三竞争力"模型如图 12-5 所示。

图 12-5　营销的"三竞争力"模型

1）打造品牌竞争力。

建立"六好"营销标准及量化的考核指标,对销售人员及经销商定期开展培训、训练及考核。"六好"营销标准见图12-6。

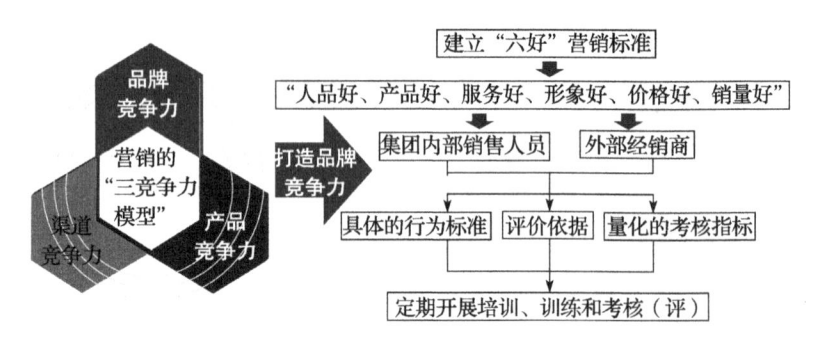

图12-6 "六好"营销标准

2）打造产品竞争力。

企业的好产品成就企业的好品牌。X公司通过打造不同于竞争对手的差异化产品,提高产品在市场的竞争力,见图12-7。

3）打造渠道竞争力。

从数量和质量两方面,X公司科学管控经销商网点,见图12-8。

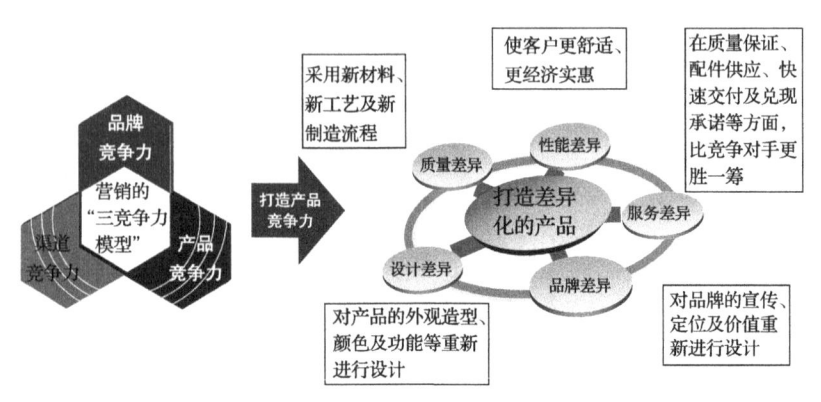

图12-7 打造不同于竞争对手的差异化产品

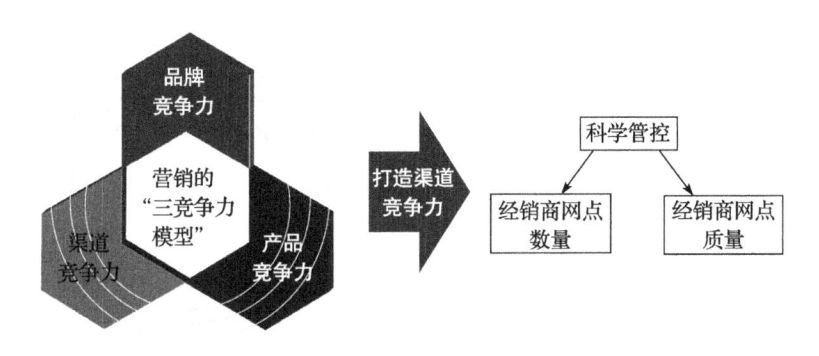

图 12-8　科学管控经销商网点

4）效果。

X 公司通过打造营销的"三竞争力模型"，突破了产品销售的瓶颈，企业连续多年做到中国行业销量第一。X 公司还积极开拓东南亚各国及非洲各国市场，海外市场的产品销量成绩显著。

通过突破销售瓶颈，X 公司开足马力生产，充分利用资产（含设备），企业盈利良好，ROA 大幅度提升，取得的效果见图 12-9。

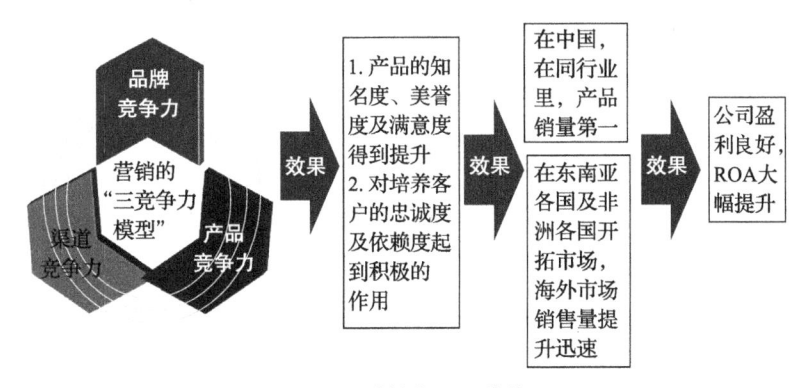

图 12-9　突破销售瓶颈的效果

12.2.6　创造价值瓶颈持续改善的过程

组织创造价值瓶颈持续改善的过程如图 12-10 所示。经过

PDCA 的过程改善一个瓶颈，企业的盈利能力上升一个台阶，再识别出新的瓶颈予以改善，再上升一个台阶，如此循环往复，企业的盈利能力得到持续改善。

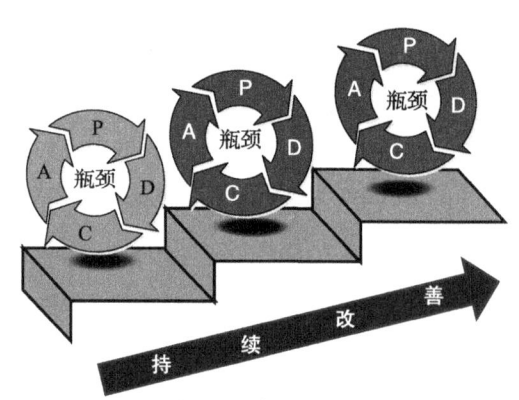

P =计划；D =执行；C =检查；A =纠偏

图 12-10　瓶颈持续改善的过程

总之，针对组织盈利能力的瓶颈做持续改善，提高组织的盈利，这是我们进行资产管理的核心目的之一。

12.2.7　可以借用其他的方法论与工具

为了使资产为组织及相关方最大化地创造价值，组织在贯彻实施资产管理国家系列标准 GB/T 33172—2016/ISO 55000:2014、GB/T 33173—2016/ISO 55001:2014 及 GB/T 33174—2016/ISO 55002:2014 的过程中，可以借用其他的方法论与工具，如精益管理（LM）、全面生产管理（TPM）、全面质量管理（TQM）、六西格玛（6 sigma）、制约理论（TQC）及阿米巴经营等。在实现组织计划与组织目标、改善组织的运营方面，LM、TPM、TQM、TQC 及阿米巴经营各自都有一套理论、落地的方法与工具。

组织在导入资产管理国家系列标准进行资产管理时，借用的方法论与工具如图 12-11 所示。

比如利用 LM（或 TPM）的 5S 工具，组织推行 5S 可以达到以下目的。

（1）使组织创造洁净、舒适及安全的工作环境，获得客户及相关方的满意评价。

（2）使组织的现场管理规范、有序，产品品质稳定，成本降低，工作效率提高。

（3）使组织的员工养成良好的工作及生活习惯，提升自我素质。

比如利用 LM 的价值流分析工具，分析和优化企业的信息流、物流、工艺流及资金流，如图 12-12、图 12-13 和图 12-14 所示。

改善的入口或起点	方法论
识别浪费	LM
设备的各种损失	TPM
客户满意	TQM
减少制造及业务流程的波动	6 sigma
组织目标达成的瓶颈	TOC
全员参与经营	阿米巴经营

资产管理国家系列标准
GB/T 33172—2016/ISO 55000:2014
GB/T 33173—2016/ISO 55001:2014
GB/T 33174—2016/ISO 55002:2014

借用的方法论与工具

组织资产

为客户及相关方最大化地创造价值

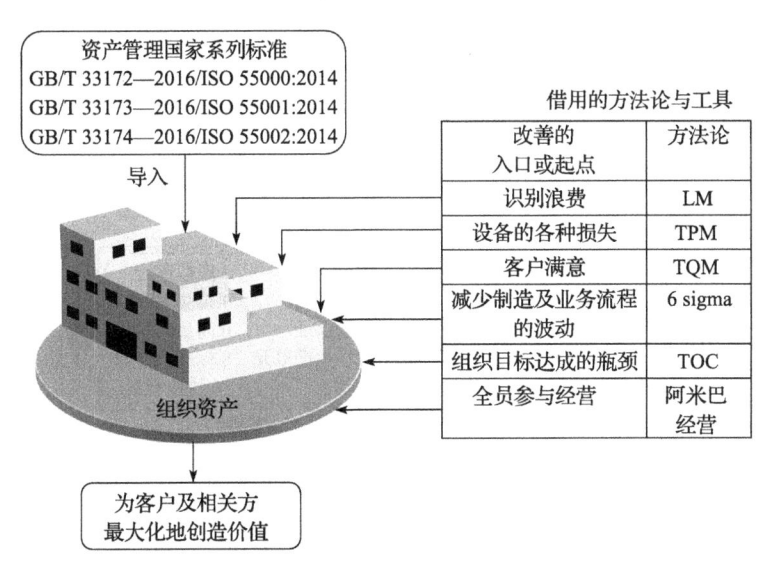

图 12-11　借用方法论与工具

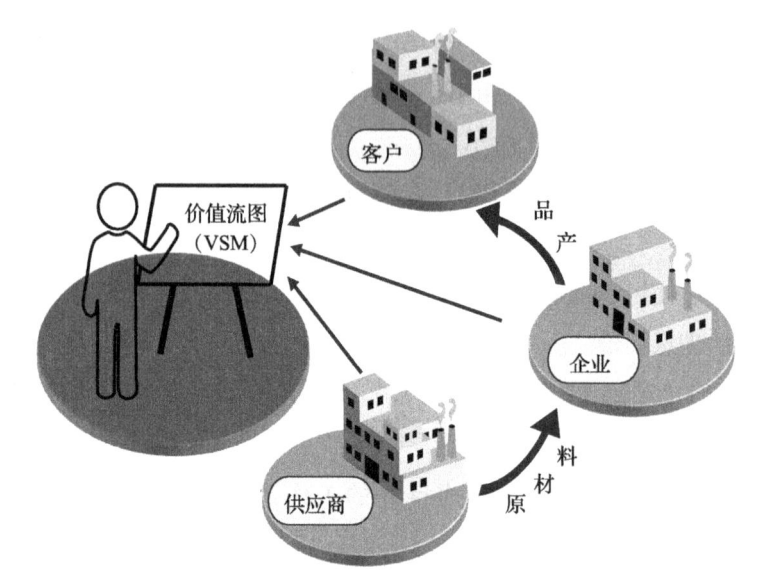

图 12-12　用价值流分析供应链

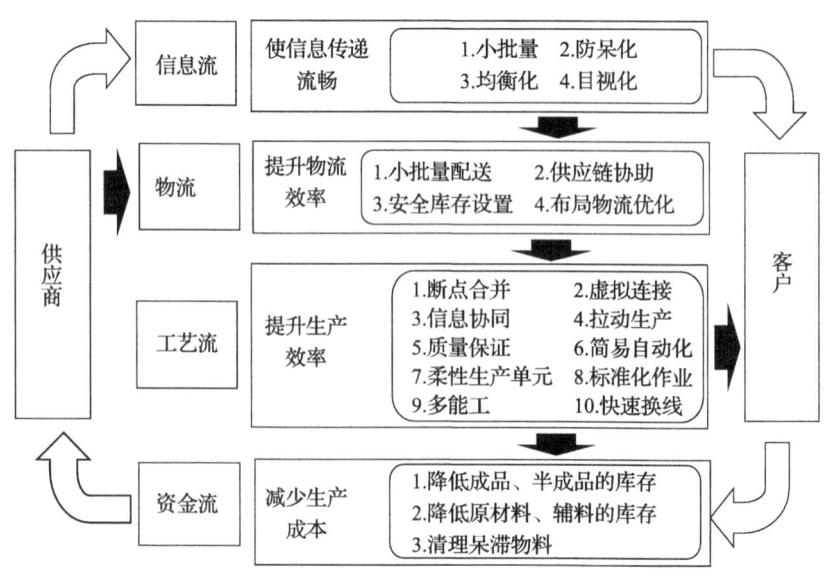

图 12-13　优化企业的信息流、物流、工艺流和资金流

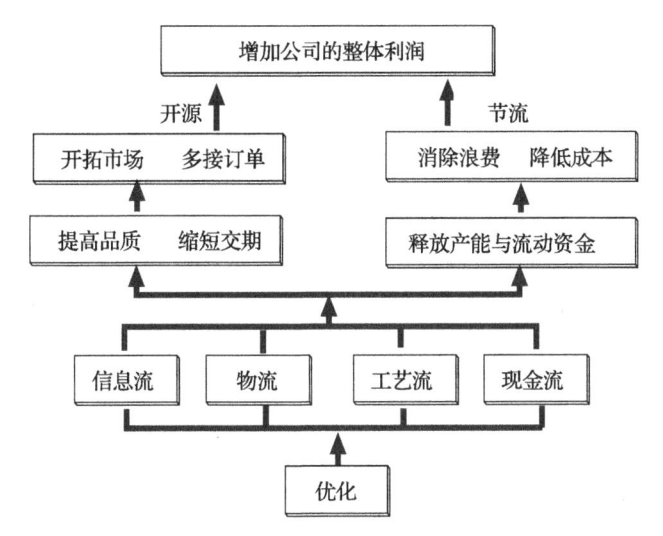

图 12-14 增加公司整体利润的逻辑关系

图 12-15 是制造业 X 企业推行 LM 三年后取得的成绩。

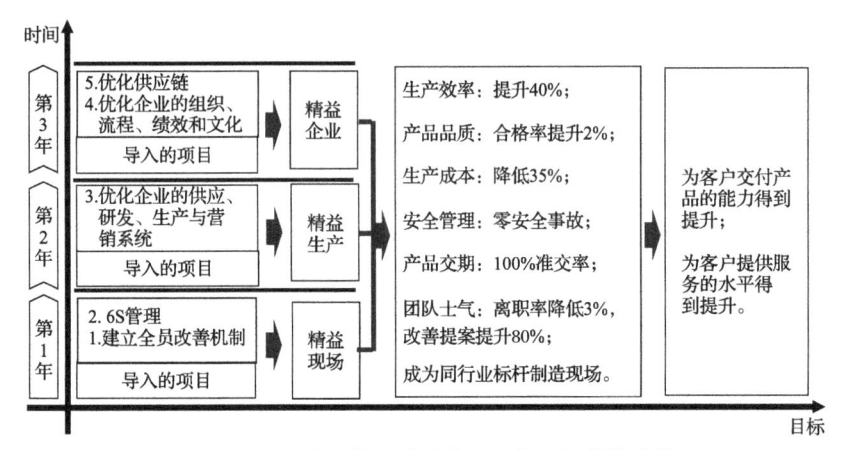

图 12-15 X 企业推行精益管理三年所取得的成绩

12.2.8 考虑成本、风险和绩效的平衡

在 GB/T 33172—2016/ISO 55000:2014 的 "3.3.1" 中阐述，组

织实现价值通常需要考虑成本、风险、机会和绩效收益之间的平衡，其"3.3.1"的内容如下。

> 3.3.1
> 资产管理 Asset Management
> 组织（3.1.13）利用资产（3.2.1）实现价值的协作活动。
> 注1：实现价值通常需要权衡成本、风险（3.1.21）、机会和绩效（3.1.17）收益。
> 注2：活动还可指资产管理体系（3.4.3）中要素的应用。
> 注3：术语"活动"是广义的，例如可包含方法、策划、计划及其实施等。

对上面的阐述也可以这样理解，当组织在绩效一定的情况下，如果成本越低，风险越低，则价值就越大。也就是说，组织满足相关方需求的程度越高。

12.2.9 建立资产管理文化

愿景、使命及核心价值观是组织文化的三个核心要素，是组织文化的核心和灵魂，如图 12-16 所示。

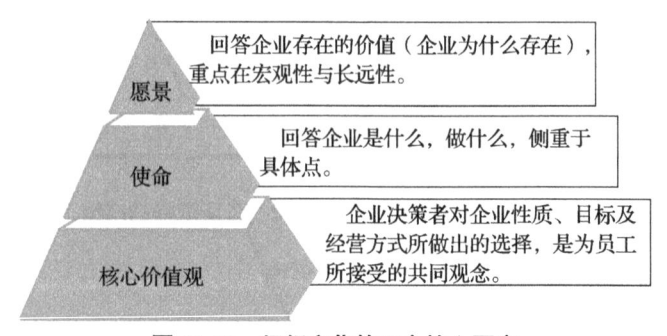

图 12-16 组织文化的三个核心要素

精神层、制度层和物质层是组织文化的三层级,如图 12-17 所示。

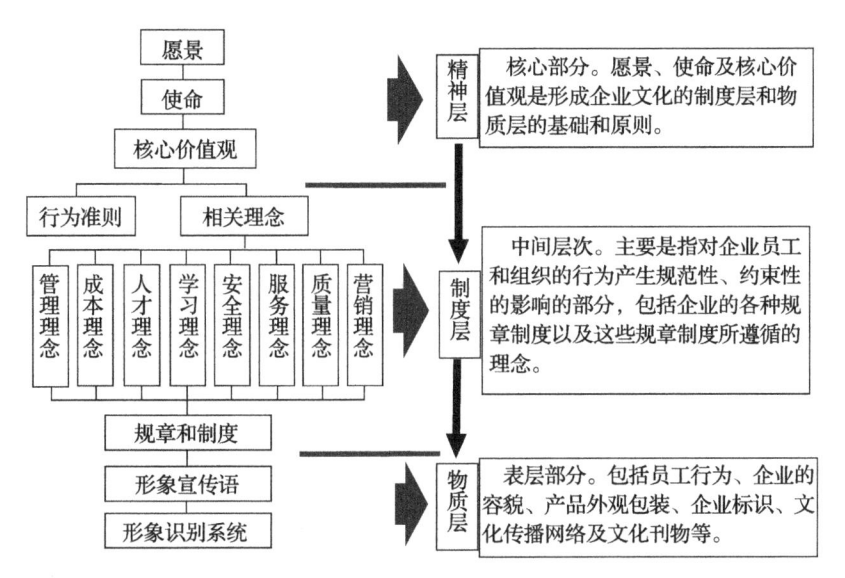

图 12-17 组织文化的三层级

12.2.10 为组织及相关方创造价值的表现

资产为组织及相关方创造价值的结果表现包括以下四个方面。

(1)有形的价值。

如现场管理得到改善、提高生产效率、提升产品品质、降低成本、准时交货、安全管理的进步、提升员工的士气、提升市场占有率、盈利的增长、提升对客户的服务水平、提升客户及相关方的满意度等。

(2)无形的价值。

如经营模式创新、专利、声誉提升、获得社会好评、品牌溢价及组织文化的建立等。

（3）对社会环境的价值贡献。

如实施安全生产、清洁生产、节能减排及依法纳税等。

（4）时间维度。

资产为组织及相关方创造价值，从时间维度上来说，要么有眼前的价值，要么有长远的价值。

总之，组织经营的宗旨就是创造价值，只有创造价值的组织才能是持续的组织。哪里能创造价值，组织的资产管理及配置服务就聚焦在哪里，组织的资源就要投向哪里。资产管理国家系列标准 GB/T 33172—2016/ISO 55000:2014、GB/T 33173—2016/ISO 55001:2014 及 GB/T 33174—2016/ISO 55002:2014 的核心精神就是使资产为组织及相关方最大化地创造价值。

第十三章

统一性

为了使组织能够做出最佳的资产管理决策,组织必须确保与自己资产管理相关信息的统一性,也就是说,在建立和实施资产管理体系、实施资产管理活动的过程当中,要明确资产管理相关信息的统一性的需求并予以满足。

13.1 垂直统一性和水平统一性

对组织内部不同级别和职能的信息的统一性的需求要予以满足。

13.1.1 垂直统一性

组织内不同层级(如总经理、副总经理、经理、主管、班组长及员工)之间信息的统一性见图13-1。

比如,将总经理制订的组织愿景,用各层级员工尤其是基层员工能听得懂的语言进行传递;又如把各层级员工日常所做的工作对组织目标(如生产效率)的影响建立连接,让各层级员工理解他们自己的工作对组织目标的贡献等。

```
                    总经理
                      |
                   副总经理
                      |
                    经理
   ┌─────────────────┼─────────────────┐
( 营销部门  研发部门  采购部门  IT部门   品管部门          )
(          制造部门  财务部门  仓管部门  资产部门  人事行政部门 )
(                   计划部门  技术部门                   )
                      |
                    主管
                      |
                   班组长
                      |
                    员工
```

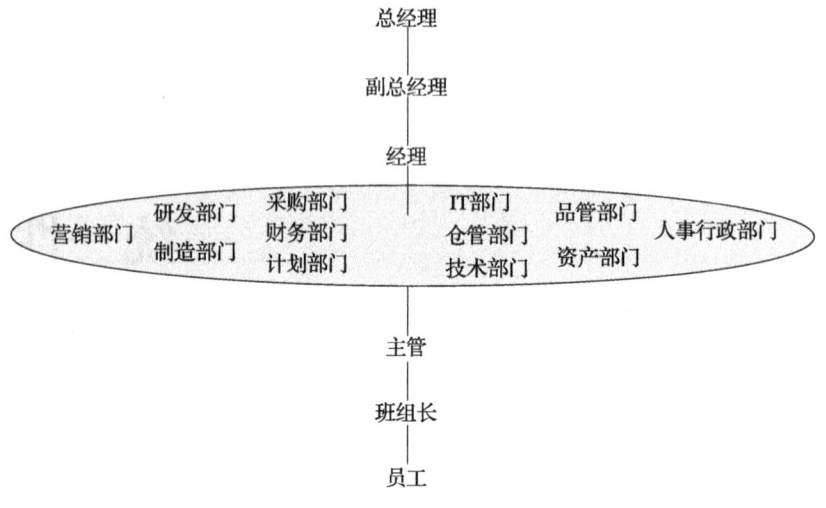

图 13-1 垂直统一性和水平统一性

13.1.2 水平统一性

组织内不同的职能部门（如营销部门、研发部门、制造部门、采购部门、财务部门、计划部门、IT 部门、仓管部门、技术部门、品管部门、资产部门及人事行政部门）之间信息的统一性见图 13-1。

比如，组织内不同的职能部门对同一个术语的理解和使用完全一致，就说明各职能部门之间对该术语的使用达到了统一性。技术术语、财务术语及运营术语在组织内不同的职能部门之间必须统一并形成文件化信息。

13.2 财务职能信息和非财务职能信息的统一性

在多数组织中，资产由不同部门分割管理。X 企业的资产由不同部门管理的情况如下表所示。

表 X 企业的资产由不同部门管理

部门	负责管理的资产
设备部门	生产设备，水、电、气、真空、制冷设施及特种设备等
质量部门	检验检测设备及计量仪器仪表等
行政部门	办公设备、食堂及车辆等
基建部门	土地、厂房建筑、道路及附属物等
财务部门	负责股票、债券及资产价值管理等
安环部门	安全与环保处理设备、消防系统

X 企业的各职能部门之间可能会出现信息沟通不畅、信息缺乏透明度及财务账目与实物不一致等情况，这些对组织高层的决策会造成困扰。比如，关键资产的寿命周期费用到底是多少？企业资产管理今年到底需要支出多少？企业交付产品的成本到底是多少？为什么产品会定这样的销售价格？资产管理活动的绩效怎样才能在财务账面上体现出来？因此，要求组织的财务职能（负责与资产有关的会计、预算、融资、估价、税务和财务报表等）信息和非财务职能（与资产寿命周期管理有关的部门）信息要一致。

13.3 遵循因果关系

从组织环境、相关方的需求和期望到资产管理计划的实施过程如图 13-2 所示。

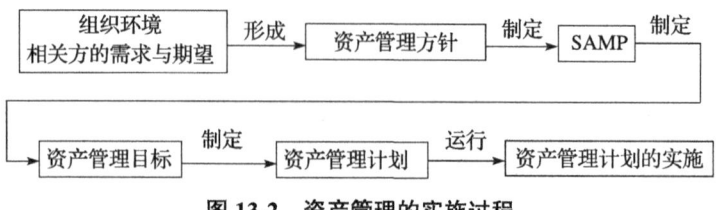

图 13-2　资产管理的实施过程

在上述过程中，各个框里面的内容存在因果关系。建立和实施资产管理体系必须遵循上述过程并厘清它们之间的因果关系。

第十四章

保 证

组织通过开展各种资产管理活动为实现其资产管理目标提供保证。

（1）建立资产管理目标与组织目标的关联。

组织建立资产管理目标与组织目标的关联，为实现其资产管理目标提供保证，即依据组织目标来建立资产管理目标，请见"6.2 资产管理目标和实现目标的策划"的内容。

（2）实施资产寿命周期管理的活动。

组织实施资产寿命周期管理的各项活动，为实现其资产管理目标提供保证，请见"8.1.1 对资产寿命周期各项活动进行管理"的内容。

（3）实施用于监视和持续改进的过程。

组织实施用于监视和持续改进的过程，为实现其资产管理目标提供保证，请见《第九章　绩效评价》与《第十章　改进》的内容。

（4）提供资源。

组织在开展资产管理活动和运行资产管理体系之前提供必要的资源和有能力的人员，为实现其资产管理目标提供保证，请见"7.1 资源""7.2 能力""7.3 意识"及"7.4 沟通"的内容。

第十五章
组织建立资产管理体系的规划

约翰·伍德豪斯 (John Woodhouse) 是 IAM 的创始人、研究员和专家组主席。他组织 BSI 和 IAM 制订了实物资产最佳管理的 PAS 55 标准,是 ISO 55000 系列国际标准的英国专家代表。他于 2016 年出版了 ISO 55000 系列国际标准的指导性书籍 *ISO 55000 Asset Management：What to do and why*,书的封面见图 15-1。

图 15-1 *ISO 55000 Asset Management：What to do and why* 的封面

在这本书中,约翰·伍德豪斯 (John Woodhouse) 建议组织花三年或更长的时间来建立基于 ISO 55000 系列国际标准的资产管理体系。

日本仙台市市政污水处理公司从 2007 年开始策划建立基于

ISO55000系列国际标准的资产管理体系，后来，又去澳大利亚考察，经历了拟定资产管理战略、推行实施资产管理战略、资产管理IT系统开发和内外部审核等几个阶段，到2014年最终获得ISO 55001认证证书，经历了总共8年的时间。

所以，在指导组织按照GB/T 33173—2016/ISO 55001:2014建立资产管理体系时，我们一般会为组织设计至少为期三年的工作规划。我们为X地铁公司设计的按照GB/T 33173—2016/ISO 55001:2014建立资产管理体系的三年规划，如图15-2所示。

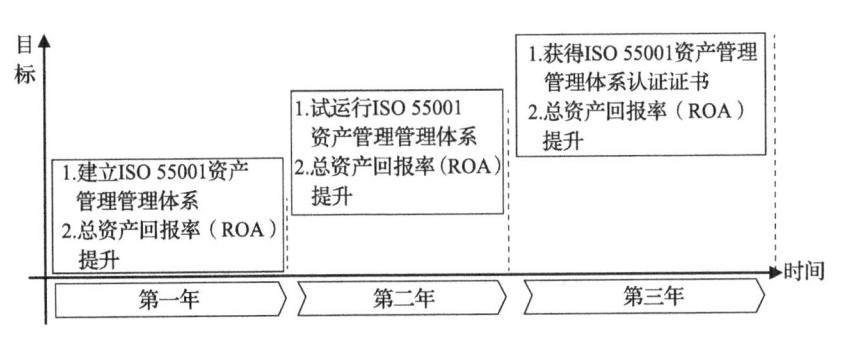

图15-2　X地铁公司建立资产管理体系的三年规划

在这规划的三年中，我们主要指导X地铁公司开展的工作，如下表所示。

表　X地铁公司三年规划中要开展的工作

时间	开展的工作
第一年	资产管理规划、资产寿命周期管理优化、资产管理组织能力建设、资产管理的风险管理、文件化信息管理、绩效评价、资产创造价值的瓶颈改善等
第二年	信息化、资产创造价值的瓶颈改善等
第三年	资产管理成熟度评价、资产管理文化建立、资产创造价值的瓶颈改善等

参考文献

[1] 胡庆辉,田洪迅,齐立忠,等译.资产管理:实物资产全寿命周期管理[M].北京:中国电力出版社,2018.
[2] GB/T33172—2016/ISO55000:2014,资产管理 综述、原则和术语[S].2016.
[3] GB/T33173—2016/ISO55001:2014,资产管理 管理体系 要求[S].2016.
[4] GB/T33174—2016/ISO55002:2014,资产管理管理体系 GB/T 33173 应用指南[S].2016.
[5] GB/T 23694—2009/ISO/IEC Guide 73:2002,风险管理术语[S].2009.
[6] GB/T 24353—2009,风险管理原则与实施指南[S].2009.
[7] GB/T 27921—2011,风险管理 风险评估技术[S].2011.
[8]《资产管理体系应用指南》编写组.资产管理体系应用指南[M].北京:企业管理出版社,2016.
[9] BS ISO 55002:2018,Asset Management-Management Systems-Guidelines for the Application of ISO 55001[S].2018.
[10] ISO 55000, Asset Management Overview, Principles and Terminology [S]. 2014.
[11] ISO 55001, Asset Management Management Systems Requirements [S]. 2014.
[12] ISO 55002, Asset Management Management Systems Guidelines for the Application of ISO 55001 [S]. 2014.
[13] John Woodhouse.ISO 55000 Asset Management: What to do and Why [M]. Switzerland:ISO,2016.
[14] PAS 55-1:2008, Asset Management Part1: Specification for the Optimized Management of Physical Assets [S]. 2008.
[15] PAS 55-2:2008, Asset Management Part2: Guidelines for the Application of PAS 55-1 [S]. 2008.